Josiana Barbosa Andrade

Simone de Beauvoir e Carolina de Jesus

ensaio sobre a busca da existência

São Leopoldo
editora Karywa
2020

Rua Serafim Vargas, 66
São Leopoldo - RS
CEP: 93030-210
editorakarywa@gmail.com
https://editorakarywa.wordpress.com

ANDRADE, Josiana Barbosa

Simone de Beauvoir e Carolina de Jesus: ensaio sobre a busca da existência. Ebook, São Leopoldo: Karywa, 2020.

80p.
ISBN: 978-65-86795-07-3

1. Autenticidade; 2. Vida; 3. Existência; 4. Simone de Beauvoir; 5. Carolina de Jesus; I. Josiana Barbosa Andrade.

CDD 100

"A vida humana – como digo eu, a Vida! – é obra poética".
Lou Andreas-Salomé

Nota da Autora

Este livro é uma versão revista de um estudo realizado no último ano de minha graduação no curso de Licenciatura em Filosofia [2019], que escolhi elaborar, paralelamente, ao cursar as disciplinas "Trabalho de Conclusão de Curso" [TCC] do Bacharelado em Filosofia. Sou grata por pessoas queridas terem vivenciado, de alguma maneira, essa trajetória comigo. Agradeço ao professor Luís Rubira, por orientar-me e me apoiar em algumas dimensões da existência, mostrando-me, ao longo do tempo, o caminho, sem fazê-lo por mim; ao professor Pedro Leite, por acompanhar-me nessa pesquisa durante as disciplinas de TCC; à professora Flávia Chagas e ao professor Clademir Araldi, por aceitarem o convite de participar da banca e, consequentemente, pelas sugestões que certamente considerei; ao professor Manoel Vasconcellos, por ter me apoiado e orientado em minha primeira pesquisa em Filosofia; a professora Sônia Schio, por ter sido um oásis em situações desérticas, além da exigência saudável ao longo de suas disciplinas; aos meus colegas e amigos Henrique e Raul, pelo carinho e companheirismo, no decorrer do curso; a Ezequiel, pelo amor, pelos infinitos diálogos, pela compreensão às minhas escolhas; a Helio Teixeira, por ter me apresentado Carolina Maria de Jesus; a Cristiane Lopes, pela amizade, sensibilidade e ouvidos labirínticos; a minha mãe, Diana, pelo cuidado; a Lilian Velleda, Jade Arbo, Camila Pilotto, Dirceu Arno, Pedro Araújo, Igor Diniz, Gabriel Canhete e Guilherme Souza, por se fazerem presente, naquele fim de tarde quente, mas especial, de quando realizei a defesa deste trabalho; à professora Thana Mara de Souza, por ter aceitado lê-lo e pelas profícuas sugestões; à professora Kathlen Luana de Oliveira por tê-lo prefaciado.

Apresentação

Simone de Beauvoir e Carolina de Jesus?

"on parlait beaucoup du journal tenu par une Noire, Caroline, qui décrivait au jour le jour, avec rudesse, la vie de sa favella"
(Simone de Beauvoir, La force des Choses)

Durante os meses em que esteve no Brasil no segundo semestre de 1960, Simone de Beauvoir ficou particularmente impressionada com o fenômeno das favelas. Na capital carioca fez questão de registrar o problema da desigualdade social ("Dos 3 milhões de habitantes do Rio, 700 mil vivem nas favelas"), da negação social desta desigualdade ("Os brasileiros não gostam de mostrar suas favelas"), bem como do que percebeu ao percorrer um dos morros próximos de Copacabana ("Miséria, sujeira, doenças, a favela assemelhava-se a todas as outras"). Embora escrevendo mais detidamente sobre as favelas que viu no Rio de Janeiro (onde sua estadia foi maior), ao chegar em São Paulo no início de novembro e percorrer alguns bairros (no curto período em que permaneceu na cidade), ela não somente analisa os contrastes entre as classes sociais, mas também mostra interesse por um livro que surgia naquele momento em nosso país: "Há uma zona residencial muito rica: jardins floridos, casas de estilo colonial, mansões ultramodernas. Há também *favelas*; fala-se muito do diário mantido por uma negra, Carolina, que descrevia com rudeza, no dia a dia, a vida de sua *favela*: um jovem repórter a descobrira por acaso, e o livro seria um *best-seller*" (BEAUVOIR, Simone. *A força das coisas*. Rio de Janeiro: Nova Fronteira, 1995, p. 462-471).

Ao publicar tais reflexões em sua obra de 1963, Simone de Beauvoir também fez questão de indicar, em uma nota de rodapé, que o respectivo "diário" de Carolina havia sido "traduzido para o francês com o título *Le dépotoir*". Impresso em Paris no ano anterior pela editora Stock, é importante lembrar que a tradutora, Violante do Canto, já havia vertido para o francês, poucos anos antes, a obra *Gabriela*, de Jorge Amado (*Gabriela, fille Du Brésil*. Paris: Seghers-l'Inter, 1959); e que em 1960 o escritor baiano e sua companheira, Zélia Gattai, não somente se tornaram íntimos de Simone de Beauvoir e de Jean-Paul Sartre, acompanhando-os por toda a parte, mas estavam juntos com eles em São Paulo naquela ocasião. Em decorrência disto, terá Simone de Beauvoir tido uma influência indireta na tradução de

Carolina de Jesus para a língua francesa? Especulação à parte, certo é que estes dois destinos não foram estranhos um ao outro.

Aquilo que Josiana Andrade vem mostrar no presente ensaio, indo para além das abordagens de caráter sociológico que impregnaram as leituras de Carolina de Jesus nas últimas décadas, é que uma compreensão mais profunda acerca da autora de *Quarto de despejo: diário de uma favelada* pode desvelar-se a partir da filosofia de Simone de Beauvoir. Neste sentido, a noção de "autenticidade humana" seria uma chave de interpretação que nos levaria a melhor compreender a "existência autêntica" e "ambígua" da escritora brasileira. Investigação cujo desenvolvimento pude acompanhar na cidade que foi uma das primeiras a reconhecer e homenagear Carolina de Jesus (ela foi recebida na 1ª Feira do Livro de Pelotas no ano de 1960), estou certo de que ela também contribui em muito para a compreensão da filosofia original de Simone de Beauvoir.

Luís Rubira

Professor de Departamento de Filosofia da UFPel

Prefácio

Coragem em Ser Sendo

A obra que está em suas mãos é resultado de uma trajetória epistemológica e existencial repleta de intensidades e desafios. Trata-se de uma investigação cheia de *coragem*, ousadia, traz uma *novidade* e é uma *voz que reivindica presença nesse mundo* contemporâneo imerso em retrocessos, intolerâncias e violências. Então, prepare-se a uma leitura filosófica que é um convite ao pensar, à ruptura das lógicas e a estruturas que teimam em condicionar existências.

Vamos falar da coragem presente nessa obra. Coragem, uma das virtudes esmiuçadas pelos gregos antigos, implica em apresentar-se no mundo, em ser uma pessoa vista e ouvida, em não ter medo de ver, dizer. Coragem traz marcas das experiências políticas de ser no mundo. Nesse sentido, encontramos aqui o próprio texto como um apresentar-se no mundo, trazendo vidas, trazendo mulheres para construção de conhecimento.

A coragem é perceptível, em primeiro lugar, com a proposta de conjugar Simone de Beauvoir e Carolina de Jesus. Muito é dito acerca de De Beauvoir, mas, ainda, no Brasil, pouco se encara a profundidade da condição humana proposta por ela. De Beauvoir, por vezes, é lida por suas frases fora de contexto, como um mantra de explicação do real. Essa filósofa apresenta muito mais e essa investigação não se acanha em lidar com noções de existência, mundo, situação, liberdade, subjetividade, transcendência, projeto e finitude. Eis a primeira coragem: ler, debater, aprofundar, questionar uma obra densa como a de De Beauvoir requer perspicácia, requer o espírito aventureiro de navegar com conceitos complexos.

Essa obra não se contenta com De Beauvoir, vai além. Busca, na filosofia de De Beauvoir, uma chave hermenêutica para compreender a experiência vivida de Carolina de Jesus. Eis aqui um diálogo autêntico, contextual, brasileiro. Tantas críticas existem ao elencar o pensamento eurocêntrico. Algo que aqui é superado e se constitui como uma preocupação em dialogar com o próprio mundo da autora. Nunca será suficiente debater sobre estruturas racistas, sexistas, classistas, porém definir, enquadrar, as singularidades traz sempre uma redução do ser no mundo. Assim, essa obra traz esse olhar: a experiência singular, repleta de sofrimento, desejos, sentidos, busca existir no mundo.

Há ainda mais coragem no que está nas entrelinhas, na feitura do texto. As mãos da autora Josiana Andrade são inovadoras e destemidas. Num País que ainda se revela desigual contra filósofas, Josiana é mulher, pensadora, nascida no Amazonas. E como sua própria obra conta acerca de Carolina de Jesus, Josiana também não é determinada por essas estruturas mesmo sendo diariamente atravessada por elas. Na busca pelo conhecimento, a cada dia rompe as estatísticas e vai construindo sua condição de existir nesse mundo. Essa existência também cheia de conflitos. Ser no mundo, um ser sendo que insiste que pensar, descobrir, afirmar-se, mesmo quando outras pessoas duvidam da capacidade argumentativa; um ser sendo que não desistiu quando lidou com preconceitos linguísticos. A experiência de uma singularidade que se faz nesse mundo.

Vamos falar do ineditismo e da ousadia dessa obra. No cenário acadêmico, o estudo de filósofas, pensadoras, escritoras pode ser considerado algo recente. Mulheres ainda são pouco estudadas e suas experiências de mundo extremamente moralizadas e categorizadas. Temos experimentado, no Brasil, uma demanda em desvendar mulheres, em descobrir suas contribuições ao conhecimento. Na mesma proporção desse clamor, é desvelado um contexto sexista e que se atualiza em discursos, ações, estruturas sexistas. Isto é, ainda se deslegitima a narrativa e a existência de pensadoras. Assim, esta investigação não se limita a apresentar Simone de Beauvoir e Carolina de Jesus, mas busca problematizar o fazer-se no mundo, as ambiguidades, a dialética entre o ser singular e o ser plural, as lógicas da liberdade e do determinismo. Isso amplia horizontes!

O ineditismo da obra também está presente em propor uma reflexão acerca de Carolina de Jesus. Filosoficamente há vários desafios em se analisar obras literárias e captar desses escritos os percursos da existência. São fragmentos abertos a interpretações. Literatura é a arte de narrar a experiência no mundo que, em si, já é uma interpretação do mundo e da própria condição. Diferente de textos que são conceituais, teóricos, trazer Carolina de Jesus é evidenciar sua potencialidade em revelar e descobrir novos olhares para outras existências.

Há, nesse ensaio, a ousadia de apresentar o pensamento de Simone de Beauvoir como chave hermenêutica de Carolina de Jesus. Como numa mesma obra seria possível falar de duas mulheres tão diferentes de si? Como aproximar contextos, etnias, classes tão opostas? Pois bem, Josiana Andrade realiza esse feito. Busca escutar essas duas mulheres distintas, debatendo como o mundo é vivenciado, como essas existências vão existindo e se constituindo. Há assim a compreensão de que o ser não é algo acabado. Em si, o ser é ambíguo, inconstante, em movimento, se faz, refaz, é violado, ressignifica-se, percebe-se. Não há a mulher. Há mulheres.

Por último, esta obra é uma reivindicação de presença nesse mundo. Herdamos pretensões de compreensão de mundo que se parecem com manuais que almejam decodificar a realidade. Contudo, tanto em Simone de Beauvoir quanto em Carolina de Jesus não há manuais, não há códigos absolutos. De Beauvoir reclama: o sujeito é situado; o sujeito não é universal sem gênero; o corpo não é um fato bruto; o corpo exprime a relação com o mundo. Nesse sentido, cabe um processo que se recusa a aceitar o pronto, o determinado. O trabalho de Josiana Andrade é um convite a uma recusa a qualquer discurso que enquadra, que universaliza, que torna relações, identidades, experiências e existências estáticas.

Não só de recusa às explicações oferecidas se corporifica este trabalho. Há uma constatação de que as existências são irrupção original. A pluralidade existindo e se constituindo é possibilidade de uma liberdade autêntica. Liberdade que não pode ser confundida com os usos cooptados do termo. Liberdade extrapola sentidos de ausência de obrigações e de limites; de ou escolha, de respeito às leis e não concentração do poder nas instituições; ou mesmo o jogo clássico do debate entre liberdade em contraposição à segurança. A liberdade vai se revelando nas possibilidades de constituir-se com/apesar/atravessada pelas estruturas, pela realidade. A possibilidade da ação que modifica, que transforma, que altera qualquer discurso de destino. Logo, numa ambiguidade original, seguindo De Beauvoir, somos, simultaneamente, facticidade e liberdade.

As desigualdades, as injustiças, as violências não são naturais. São invenções humanas. As violências marcam a existências de mulheres, de faveladas, de negras e essas marcas são experimentadas de diversas formas, são rompidas, reafirmadas, traduzem-se concretamente em fome, em sofrimento, em cativeiros de si. Romper esses cativeiros também não possui manuais únicos. As opressões postas como naturais são políticas e morais. Tal percepção aponta que estamos envoltas a discursos que prezam pelo coletivo, por uma consciência geral, mas nao dao conta do estrago, do esfacelamento da constituição de si, da singularidade. Assim, a contribuição da obra de Josiana Andrade traz a sagacidade de que mesmo os movimentos bem-intencionados caem em discursos totalizantes e padronizantes.

A constituição de si não se dá de um único jeito. Mulheres se fazem mulheres em inúmeras vozes, inúmeras ações, inúmeras narrativas. Se pela biologia há a lógica do "único", do "padrão", do natural, das taxinomias; não é naturalmente pela biologia que surgirão condições de ruptura das violências. A corporeidade que carrega as experiências de anulação, silenciamento, ocultamento, exploração, opressão, dor clama pelo fazer-se nesse mundo. O fazer-se nesse mundo é moral, política, corporal, ético, estético.

Narrar-se, contar a própria história, não aceitar o que fazem da gente é um salto existencial que não é tranquilo e isento de dor. O ser no mundo não se dá em liberdade absoluta. O ser é livre em situação. Não somos reduzidas ao que fazem das mulheres, mas apesar e com o que fazem das mulheres, há possibilidades das mulheres construírem suas experiências de ser no mundo. Ser singular e geral, ser única e plural.

Significativo da obra de Josiana Andrade é a reinvindicação expressa pela existência de Carolina de Jesus. Carolina em seu ser no mundo não se reduz a exemplo, não se reduz a possíveis transformações de sua identidade em produto de consumo; não se reduz a um caminho de "sucesso" ou autoajuda. Carolina age, Carolina existe, persiste, insiste. Carolina escreve. Sua ação transcendente e a situa no mundo. Sua ação é escrever, escrever-se, narrar-se. Carolina faz-se ser através de sua ação de escrever. Fundar-se no mundo não é uma atividade ingênua, desprovida de indignação.

Como se poderá refletir com a obra de Josiana Andrade, há perguntas de Carolina de Jesus que são singulares e, ao mesmo tempo, atravessam existências. Aqui, duas singelas menções. A primeira pergunta que é uma reivindicação de si mesma: "Um dia perguntei a minha mãe: mamãe, sou gente ou bicho? Você é gente, minha filha! O que é ser gente? A minha mãe não me respondeu" (DE JESUS, 2007, p. 10). A mesma pergunta que é situada em tempos e lugares, permanece: sou gente? O que é ser gente? Não há uma única resposta e, talvez, as respostas são um ser sendo, um ser acontecendo no mundo. E mesmo o ser gente não sendo algo estático e enquadrado, as existências de ser nesse mundo questionam quando se está na situação de não-gente. E ainda, a situação de não-gente não é um "lugar" determinado, pois há irrupções do tornar-se gente contra todas as condições e violências.

A segunda frase de Carolina, da mesma forma abordada pelo trabalho de Josiana Andrade, é a seguinte: "Olhei minhas mãos negras, acariciei meu nariz chato e meu cabelo pixaim, e decidi ficar como nasci" (DE JESUS, 2007, p. 165). Hoje, mesmo com possibilidades de modificação da biologia que irrompem novos lugares de ser, há um questionamento presente de aceitação de si mesma no mundo, de transformação do mundo. A história não acabou, tudo pode se metamorfosear, transfigurar-se, desfazer-se, refazer-se. A singularidade e a pluralidade apresentam-se como eventos, são revelações, são encarnadas e reivindicam contar sua própria história. Eis, portanto, três mulheres aqui nesta obra que se entrelaçam e fazem ecoar sua escrita e sua voz num fundar-se a si mesmas.

Profa. Dra. Kathlen Luana de Oliveira (IFRS)

Sumário

Nota Bibliográfica

As referências bibliográficas referentes às obras de Simone de Beauvoir serão indicadas de acordo com a lista de abreviaturas abaixo. Essas abreviaturas em português das obras de Simone de Beauvoir foram criadas baseadas no modelo de abreviaturas das obras em francês sugerida por Nicolas-Pierre Delphine, em sua Tese de Doutorado, publicada em 2013, com exceção dos textos "*Tentative d'existence*" e "*Que peut la littérature?*", os quais foram publicados em 2012.

No que diz respeito às obras de Carolina de Jesus, seus diários publicados e manuscritos, citaremo-nos na íntegra, respeitando sua escrita.

As demais referências bibliográficas obedecem ao sistema da Associação Brasileira de Normas Técnicas (ABNT).

Lista de Abreviaturas

Obras de Simone de Beauvoir

I/C = *L'invitée / A convidada* [1943]. Rio de Janeiro: Nova Fronteira, 1985.

PC/PC = *Pyrrhus et Cinéas / Pirro e Cinéias* [1944]. Rio de Janeiro: Nova Fronteira, 2005.

SA/SO= *Le sang des autres / O sangue dos outros* [1945]. Rio de Janeiro: Nova Fronteira, 1984.

BI/BI = *Les bouches inutiles / As bocas inúteis* [1945]. Argentina: Ariadna, 1957.

THM/THM = *Tous les hommes sont mortels / Todos os homens são mortais* [1946]. Rio de Janeiro: Nova Fronteira, 1983.

PMA/PMA = *Pour une morale de l'ambiguïté / Por uma moral da ambiguidade* [1947]. Rio de Janeiro: Nova Fronteira, 2005.

DS/SS = *Le deuxième sexe / O segundo sexo* [1949]. Rio de Janeiro: Nova Fronteira, 2009.

M/M = *Les mandarins / Os mandarins* [1954]. Rio de Janeiro: Nova Fronteira, 2017.

PDA/PDH = *La pensée de droite aujourd'hui / O pensamento de direita, hoje.* [1955]. Rio de Janeiro: Paz e Terra, 1972.

FA/FI = *La force de l'âge / A força da idade* [1960]. Rio de Janeiro: Nova Fronteira, 2018.

FC/FC = *La force des choses / A força das coisas* [1963]. Rio de Janeiro: Nova Fronteira, 2018.

TE = *Tentative d'existence* / Tentativa de existir [1926]. Paris: Éditions de L'Herne, 2012.

QPL = *Que peut la littérature?* / Que pode a literatura [1960]. Paris: Éditions de L'Herne, 2012.

Preâmbulo

(...)
Que é que as pessoas têm a ganhar com o que penso, ou com o que sinto? – perguntou Henri. – Minhas historinhas não interessam a ninguém. E a grande história não é assunto de romance.

– Mas todos temos historinhas, que não interessam a ninguém. É por isso que nos vemos nas do outro. E se ele sabe contá-las, interessa a todos.

– Era o que eu pensava, ao começar meu livro – disse Henri. Bebeu um gole de cerveja. Não tinha vontade de explicar-se. Olhou para dois velhos que jogavam gamão, na extremidade de um barco vermelho. Que paz naquele café: mais uma mentira! Fez um esforço para falar:

– O diabo é que o que existe de pessoal numa experiência são erros, são miragens. Quando se compreende isso, não se tem mais vontade de contá-la.

– Não sei o que quer dizer - disse Dubreuilh.
Henri hesitou.

– Suponhamos que você veja luzes, de noite, à beira da água. É bonito. Mas, quando sabe que iluminam bairros onde há gente a morrer de fome, perdem toda a poesia, não passam de ilusão. Dirá que é possível falar de outra coisa: por exemplo, das pessoas que morrem de fome. Mas sobre isso prefiro falar em meus artigos, ou num meeting.

Não lhe direi absolutamente nada – disse Dubreuilh, vivamente.

– Tais luzes brilham para todo mundo. Evidentemente, é preciso, antes, que as pessoas comam. Mas o comer de nada lhes serve, se lhes tiram todas as pequeninas coisas que fazem o encanto da vida. Por que viajamos? Porque pensamos que as paisagens não são ilusões.

– Admitamos que um dia tudo isso readquira um sentido – disse Henri. – No momento há tantas coisas mais importantes!

– Mas isso tem um sentido hoje - afirmou Dubreuilh. – Isso conta em nossas vidas, então, deve contar em nossos livros. – Com brusca irritação, acrescentou: – Parece que a esquerda está condenada a uma literatura de propaganda, em que cada palavra precisa edificar o leitor!
Oh! Não me sinto afetado por esse gênero de literatura.

– Sei, mas não tenta outra coisa. Temos, entretanto, com que nos ocupar.– Dubreuilh encarou Henri com insistência: – Certamente, se chegarmos ao êxtase através daquelas pequenas luzes, esquecendo o que elas significam, somos canalhas. Mas justamente: ache um modo de falar sobre isso que não seja o dos estetas da direita. Faça sentir, ao mesmo tempo, o que elas têm de bonito e a miséria dos bairros. Era o que deveria propor-se uma literatura de esquerda – prosseguiu ele, a voz animada: – fazer-nos ver as coisas sob uma nova perspectiva, recolocando-as em seu verdadeiro lugar. Mas não empobreçamos o mundo. As experiências pessoais, isso que você chama miragens, existem.

– Existem – disse Henri, sem convicção (...). (M, p. 283-284)

Considerações Iniciais

A Literatura, diante das Ciências, só não teria sentido, se o mundo pudesse ser desvelado, objetivamente, em sua *totalidade*. Ele, contudo, é uma "totalidade destotalizada" (QPL, p. 335), conforme observou Simone de Beauvoir. O que significa que, embora o mundo seja o mesmo para todos os seres humanos, estes sempre se relacionam, em situação, com ele. "E cada situação envolve de uma maneira ou de outra o mundo inteiro" (QPL, p. 335), o qual é um "turbilhão de *experiências singulares* que se envolvem enquanto permanecem separadas" (QPL, p. 337). Esse "envolver" o mundo, porém, "não significa conhecê-lo, mas refleti-lo, resumi-lo ou expressá-lo da maneira que Leibniz falou em expressar o mundo" (QPL, p. 336). A unidade do mundo, então, é expressada, *singularmente*, de forma destotalizada, por meio das situações humanas em relação a ele, sendo essa relação, para Simone de Beauvoir, "exatamente o que define o que é mais essencial na condição humana e na relação do ser humano com o mundo" (QPL, p. 336). Ela, porém, não ocorre por meio de um *ponto de vista*, "como se a relação do ser humano com o mundo fosse simplesmente refleti-lo em sua consciência, vê-lo de um ângulo ou de outro" (QPL, p. 337), mas pela *situação*, a qual nos permite assumir a ideia de singularidade *do* e *no* mundo proposta por cada ser humano. E, nesta perspectiva, Simone de Beauvoir possibilita uma justificativa e significado para a Literatura, posto que as situações humanas são abertas umas às outras. Cada escritora e cada escritor, mediante a sua situação, pode expressar no mundo o *seu* mundo aos outros seres humanos. Por isso, segundo as palavras da filósofa, Literatura "é uma atividade que é praticada por seres humanos, para humanos, a fim de desvelar o mundo para eles, sendo esse desvelar uma *ação*" (QPL, p. 335, *grifo nosso*).

Carolina Maria de Jesus, escritora negra brasileira, nas margens de uma cidade, como uma *feiticeira*[1], expressou no mundo o seu mundo, revelando uma contradição viva no Brasil desenvolvimentista dos anos de 1950: a miséria humana. Nascida em Sacramento, aos 33 anos de idade, em 1947, mudou-se para a grande São Paulo, e aos 34, começou a habitar em Canindé, a primeira favela de São Paulo. Lá, tornou-se catadora de papéis. Com

1 Segundo Simone de Beauvoir, existe uma diferença fundamental entre a sacerdotisa e a feiticeira: a primeira "domina e dirige as forças de que assenhoreou de acordo com os deuses e as leis, para o bem da comunidade e em nome de todos os seus membros" (SS, p. 237-38); a segunda "opera à margem da sociedade contra os deuses e as leis e segundo suas próprias paixões" (SS, p. 238).

o passar dos anos, começou a escrever seu diário, narrando as amarguras e as belezas de seu cotidiano, em que uma das protagonistas fora a *fome*, cuja dor fora expressada pela cor amarela. Carolina, apesar de ter vivido, a maior parte de sua vida, em estado de precariedade, tinha um desejo profundo pela Vida. Transformou, como uma alquimista, o seu sofrimento em vitalidade, por meio da escrita. Ela, ao longo de suas narrativas, possui uma profunda força descritiva, a qual nos permite sentir e vivenciar o seu mundo. Por isso, há em seus diários, em sua autobiografia, em seus romances e em suas poesias, não apenas denúncia da miséria humana, reivindicação da dignidade humana, um *grito* em nome das faveladas e dos favelados, mas também uma *voz singular* de uma mulher que sofreu e lutou pela vida e pela existência, isto é, para sobreviver e para existir. A sua obra, por sua vez, antes de ser informação, denúncia em nome de uma coletividade, é o ser de sua existência; por meio dela, Carolina desvelou o mundo, engendrando sentido e significado nele. A sua escrita não se reduz a descrever o aspecto objetivo do mundo expressado por ela: há por detrás de suas palavras a sua própria subjetividade, a qual não se dicotomiza com a objetividade.

A obra de Carolina, porém, durante muitos anos, pela maioria das e dos intérpretes, foi reduzida a uma leitura sociológica, na qual o indivíduo é englobado dentro do coletivo. Por isso, neste estudo, concordaremos com Elzira Perpétua que, em seu livro *A vida escrita de Carolina Maria de Jesus* [2014], evidenciou, a partir de uma análise do paratexto, epitexto e texto das edições brasileiras e traduções de *Quarto de despejo* [1960], que esta obra, desde sua edição, foi direcionada ao seu aspecto sociológico. Por parte do editor, Audálio Dantas, a intérprete mostra que foi realizada uma construção de uma imagem de Carolina que fosse coerente com um modelo ideológico, na qual ela seria produto e não produtora da própria existência. Houve, então, no processo de editoração, uma tentativa de se criar uma personagem inequívoca da autora, uma redução de sua existência à imanência de sua facticidade. Ainda que Audálio Dantas tenha sido fundamental para o reconhecimento de Carolina como escritora, ele partiu de uma concepção em que as dimensões da individualidade e da coletividade eram vistas como contraditórias e não interdependentes, resultando numa tentativa de ocultamento da singularidade da escritora. Contudo, em *Cinderela Negra: A saga de Carolina Maria de Jesus* [1994], organizado por José Meihy e Robert Levine, há uma busca de reescrever a vida de Carolina, levando em consideração também os olhares dos outros concretos que com ela conviveram, em que se é revelado a imagem de uma Carolina humana, ambígua. Assim, apesar dos esforços do editor, a ambiguidade de Carolina se manteve presente, não somente em outros escritos organizados por outros editores, nos manuscritos da escritora brasileira os quais foram publicados em *Meu estranho diário* [1996a], mas também nos próprios diários editados por Audálio Dantas: *Quarto de despejo* e *Casa de alvenaria* [1961].

Uma das consequências dessa redução a uma leitura sociológica dos Diários de Carolina foi o eclipsamento de seu sofrimento existencial, o qual está relacionado com a experiência vivida e singular do existente. Ao narrar o seu cotidiano, a escritora não expressa apenas a fome, mas também a sua *angústia*. Em seu artigo "Autobiografia e autorretrato: cores e dores de Carolina Maria de Jesus" [2012], Alessandra Querido realizou uma investigação sobre as cores de Carolina: amarela, preta e branca, esquecendo-se de uma, a cor roxa. Esta cor foi expressada por Carolina como a cor de sua amargura, de sua angústia, de seu sofrimento "da alma". O seu sofrimento, todavia, fora reduzido à dor estomacal, embora seu sofrimento existencial sempre estivesse presente, na visão de fundo. Assim, por meio da metáfora das cores amarela e roxa, evidenciaremos que Carolina assumiu a ambiguidade original, buscou fazer-se existência, uma vez que ela se reconheceu livre e sentiu os limites de sua própria liberdade. Para isso, retornaremos a sua infância, do tempo em que ela era chamada de Bitita, para compreendermos como Bitita tornou-se Carolina; como Carolina se fez existência, no sentido beauvoiriano do termo.

À vista disso, ao longo deste trabalho, partiremos da hipótese de que Carolina assumiu a condição humana de ser ambiguidade, isto é, de ser tanto facticidade quanto liberdade e, por isso, realizou atitudes autênticas no mundo num sentido muito próximo à noção de autenticidade humana elaborada por Simone de Beauvoir. Tais atitudes não implicam uma essência fixa no existente, elas só existem enquanto atos. Nosso objetivo, à vista disso, é mostrar: primeiro, que Simone de Beauvoir possui uma filosofia original, a qual nos permite pensar a existência de uma atitude autêntica *possível* ao ser humano, criando, pois, uma alternativa às compreensões de vida humana como "paixão inútil" ou "absurda", pelo fato de que a autenticidade da existência está relacionada com a busca de sentido da vida; segundo, que Carolina de Jesus buscou uma justificação para a própria vida, realizando, a partir de sua própria concepção de relação entre ser humano e mundo, o que Simone de Beauvoir definira, em sua filosofia, como "conversão existencialista", a qual consiste em reconhecer-se como falta de ser, negar essa falta como falta e afirmar-se positivamente no mundo, assumindo, então, o fracasso que está presente no cerne da existência.

Defenderemos que Simone de Beauvoir possui uma filosofia original, a partir de diferentes interpretações de comentadoras de sua obra, tais como: Sonia Kruks que, em seu texto "Simone de Beauvoir and the Limits to Freedom" [1987], elaborou um estudo, em contraposição às interpretações que tornam a obra de Simone de Beauvoir dependente e derivada, filosoficamente, da obra de Sartre, argumentando que *O segundo sexo* é, significativamente, incompatível com *O ser e o nada*, na medida em que Simone de Beauvoir teria rompido com a ontologia sartreana para analisar, sistematicamente, o fenômeno da opressão; Eva Gothlin que, em seus artigos "Simone de Beauvoir and Ethics" [1994] e "Gender and Ethics in Philosophy of Simone de Beauvoir" [1995], defendeu a tese de que filósofa francesa, em sua filosofia, buscou combinar a Fenomenologia com a Teoria da História, o Existencialismo com o Marxismo, trazendo a lume uma originalidade em seu pensamento, principalmente, no campo da Ética, desvinculando-a, assim, da imagem de discípula de Sartre; Margaret Simons, que realizou em seu escrito "The Beginnings of Beauvoir's Existential Phenomenology" [2001] um cotejamento e estudo de um diário de 1927 da jovem Simone de Beauvoir, evidenciando que esta já possuía uma compreensão própria de Filosofia, bem como de ser humano, antes de conhecer seu futuro companheiro, Jean-Paul Sartre; Sara Heinämaa que, em seu texto "Simone de Beauvoir's Phenomenology of Sexual Difference" [2006], enfatizou tanto que Simone de Beauvoir é uma filósofa e considerou o seu trabalho filosófico, embora ela tivesse uma compreensão singular e específica de filosofia, quanto que a sua filosofia foi elaborada no campo da fenomenologia, aproximando-a de Edmund Husserl e Merleau-Ponty; e, Andrea Veltman que, em seu escrito "Transcendence and Immanence in Beauvoir's Ethics" [2006] analisou os conceitos de Transcendência e Imanência na filosofia de Simone de Beauvoir, chegando à conclusão de que a filósofa francesa havia transcendido o "para-si" sartreano, uma vez que, para ela, a transcendência foi, desde o princípio, não apenas um movimento da consciência intencional, mas também atividades realizadas por meio da *ação*. Com isso, ao escrevermos sobre a autenticidade humana em Simone de Beauvoir, não pressuporemos a filosofia sartreana, mas a sua própria filosofia, a qual nos permite pensar a existência em seu aspecto positivo.

Consequentemente, este estudo será dividido em duas partes, tendo cada uma dois capítulos; na primeira, apresentaremos o caminho da existência proposto por Simone de Beauvoir, e na segunda, a busca da existência realizada por Carolina de Jesus. As obras principais da filósofa francesa que nos guiarão serão: *Pirro e Cinéias* [1944], *Por uma moral da ambiguidade* [1947] e *O segundo sexo* [1949]; ao passo que as da escritora brasileira serão: *Diário de Bitita* [2007], *Quarto de despejo*, *Casa de alvenaria* e *Meu estranho diário.*

Primeira Parte

O Caminho da Existência por Simone de Beauvoir

"Há uma qualidade que não tem nome. Talvez seja 'gravidade', mas a palavra não satisfaz. Porque essa qualidade pode existir junto à mais sorridente alegria. É a qualidade do carpinteiro que se planta diante de seu pedaço de madeira e o apalpa e o mede, e, longe de tratá-lo às pressas, reúne todas as suas virtudes para trabalhá-lo".

Antonie de Saint-Exupéry

A Concepção Ontológica de Ser Humano no Mundo[1]

O filosófico problema da autenticidade humana atravessou toda a obra de Simone de Beauvoir, sendo tema não somente de um de seus primeiros romances esboçados, *Tentative d'existence* [1926][2], mas também o conteúdo de muitas de suas reflexões filosóficas, escritas em seu diário de 1927, o qual foi publicado postumamente, em que aborda diferentes questões existenciais, tais como o "desespero metafísico", o "vazio da existência", a "justificação de si mesmo", o "autoengano" e a "lucidez". Com a inexistência de Deus, Simone de Beauvoir decretou sua finitude e contingência no mundo, defrontando-se com uma questão fundamental: como justificar a própria vida? "Eu gostaria de acreditar em algo – encontrar uma exigência total – para justificar a vida; em resumo, eu gostaria de Deus" (DE BEAUVOIR *apud* SIMONS, 2001, p. 21). Dada a profundidade do desespero metafísico da jovem Simone de Beauvoir, ela também reconheceu a tentação de dele fugir pelo autoengano, refletindo, então, sobre possíveis princípios de uma ética da autenticidade, como mencionou Margaret Simons (SIMONS, 2001), ao citar o diário da estudante de Filosofia: "Não, verdadeiramente; o que eu amo acima de tudo, não é uma fé ardente. É a inteligência e a crítica, o cansaço, as falhas, aqueles seres que não podem se deixar enganar e que lutam para viver apesar de sua lucidez" (DE BEAUVOIR *apud* SIMONS, 2001, p. 22). A partir dessas passagens, podemos perceber que Simone de Beauvoir, antes de conhecer Jean-Paul Sartre, já exprimia tanto uma noção

1 A concepção de condição ontológica do ser humano de Simone de Beauvoir não parte de uma metafísica, em sentido tradicional do termo, mas da concreticidade da existência. Embora não seja o nosso objetivo, nesse momento, é válido ressaltar que própria questão da metafísica é um problema abordado pela filósofa; em vez de decretar o fim da metafísica, ela elaborará uma nova concepção de metafísica, a qual contrapor-se-á à tradição filosófica que concebeu a metafísica enquanto sistema para além do domínio humano.

2 Neste romance esboçado, é narrada a história de Denise, uma jovem de 18 anos, em conflito consigo mesma. Ao longo do esboço do drama, a personagem descobriu-se como subjetividade, como transcendência; buscando, então, assumir a própria existência, ela tentou projetar-se, romper o círculo da imanência em que vivia; no entanto, por medo da solidão, acabou negando a si mesma, escolhendo o "amor", o casamento (TE, 2012). Podemos perceber, a partir disso, que a jovem Simone de Beauvoir já tinha uma compreensão da condição ambígua original do ser humano, uma vez que buscou problematizar tal ambiguidade com o drama de Denise.

de ser humano como de falta de ser, na medida em que ela reconhecia que a vida humana em si não era justificada, e eram imprescindíveis "esforços miseráveis para ser" (DE BEAUVOIR *apud* SIMONS, 2001, p. 21), quanto uma necessidade de buscar-se ser na lucidez, tendo em vista uma *possível* fuga pelo autoengano[3]. Daí, Simone de Beauvoir, diferente de Sartre (2015) de *O ser e o nada*, de acordo Margaret Simons (2001, p. 23) que concordou com Eva Gothlin e Debra Bergoffen, não pressupõe uma má-fé ontológica, possibilitando, portanto, a existência de um sujeito autêntico no mundo. Mas, afinal, que é a autenticidade? Que é ser autêntico de acordo com a filosofia de Simone de Beauvoir? Para respondermos essas questões, ser-nos-á necessário antes compreender alguns aspectos ontológicos da condição do ser humano *no* mundo, em sua perspectiva.

Nas últimas décadas, diversos estudos[4] foram realizados com o objetivo de evidenciar a existência e a originalidade da filosofia de Simone de Beauvoir, desvinculando-a da imagem de discípula de Sartre, uma vez que, até a década de 1970, *O segundo sexo* fora interpretado como uma aplicação da filosofia de *O ser e o nada* na situação da mulher (KRUKS, 1987, p. 111; GOTHLIN, 1994, p. 899; SIMONS, 2001). Com uma leitura minuciosa da obra, porém, é possível estabelecer diferenças entre a sua filosofia e a de Sartre. Embora os textos de Simone de Beauvoir, na superfície, frequentemente, apontem para a filosofia de Sartre, tendo em vista que ambos, quase sempre, utilizam a mesma nomenclatura conceitual, com um olhar mais atento, de acordo com Eva Gothlin (1995, p. 03-13), podemos perceber uma "transformação sutil e completa" dos conceitos da filósofa em relação aos de Sartre. Nessa perspectiva, compreendemos que Simone de Beauvoir possui uma concepção própria de condição humana. Em diferentes textos, mas, principalmente, em *Pirro e Cinéias* e *Por uma moral da ambiguidade*, ela elaborou essa concepção, a qual ela não abandonará[5], necessariamente, em

---

3 É digno de nota mostrar que, de acordo com Margaret Simons, que analisou o Diário de 1927, da jovem estudante de Filosofia, escrito antes de ela conhecer Sartre, que, "a valorização da lucidez e a ligação da fé de Simone de Beauvoir com a tentação de enganar a si próprio fornecem elementos-chave no conceito de má-fé, que Sartre usou em *O ser e o nada* (1943) e De Beauvoir já havia utilizado, anteriormente, em sua coleção de histórias de 1935-37 (*Quando o espiritual domina*)" (SIMONS, 2001, p. 23).

4 Dentre eles, Kruks (1987, p. 111-122), Gothlin (1994, p. 899-903), Simons (2001), Le Doeuff (2006), Heinämaa (2006), Bauer (2006), Veltman (2006), Arp (2017), Teixeira (2018, p. 192-218).

5 Em *O segundo sexo*, Simone de Beauvoir reformula *alguns* de seus princípios, os quais ela e Sartre concordavam. Em vista disso, a obra citada representa uma ruptura, quase total, com a estrutura ontológica de *O ser e o nada*, uma vez que nela, a filósofa busca uma reconciliação entre a Fenomenologia e a Teoria da História, entre o Existencialismo e o Marxismo, como mostrou Gothlin (1994). E ainda, em sua interpretação, Sônia Kruks (1987) argumenta que a obra magna da filósofa é, em grau significativo, filosoficamente

O segundo sexo[6], tendo em vista que, nesta obra, ela realizou não uma ontologia *da* mulher, mas uma descrição fenomenológica em perspectiva de sua moral existencialista, na qual "o fenômeno que ela descreve [e explica] é a realidade nomeada mulher, e seu objetivo é analisar os significados envolvidos nessa realidade", como enfatizou Sara Heinämaa (2006, p. 21).

Conforme Eva Gothlin (2001, p. 46), apesar de o ser humano ser uma "falta de ser" tanto para Simone de Beauvoir quanto para Sartre, a filósofa não assumiu a ideia sartreana de que o ser humano seria, originalmente, uma "paixão inútil". "É preciso que o fracasso possa ser *superado*; e a ontologia existencialista não permite essa esperança: a paixão do homem [*sic!* ser humano][7] é inútil, não há para ele nenhum meio de tornar-se este ser que ele não é. É *ainda* verdade" (PMA, p. 16, *grifos nossos*). Simone de Beauvoir, nesta passagem, reconhece que a "ontologia existencialista", ou seja, a ontologia de Sartre, não permite "que o fracasso possa ser superado", tornando-o ser humano uma "paixão inútil", pois ele não pode alcançar o que deseja ser: a síntese do para-si e do em-si, isto é, fazer-se Deus. Mas ela escreve em seguida, "é *ainda* verdade", e não "é verdade", sugerindo que, até o momento, a tese sartreana é uma verdade, mas não uma verdade absoluta. Isto posto, podemos interpretar que a filósofa problematiza esse aspecto da ontologia sartreana, não para "arrumá-lo"(como se ela não tivesse uma compreensão própria e singular de filosofia), mas para contrapor-se a ele, trazendo a lume, por conseguinte, a sua própria concepção de existência humana[8].

Para ela, "há um tipo original de apego ao ser que não é a relação: querer ser, mas: querer *desvelar* o ser. Ora, aqui não há fracasso, mas, ao

---

incompatível com a obra mencionada de Sartre, uma vez que a análise da opressão se torna impossível dentro dos limites sartreanos.

6 Em seu artigo "Beauvoir: O saber e a ação do sujeito político feminino", Magda Guadalupe dos Santos afirma que há em, *O segundo sexo*, "um esforço interrogativo e descritivo, mas não deontológico e, portanto, realista, mas, sobretudo, histórico de a Mulher sempre em situação" (SANTOS, 2009. p. 02).

7 Indicamos por meio do "[sic! ser humano]" que a palavra "homem" não é sinônimo de ser humano no sentido universal, tendo em vista que há um englobamento da "mulher" dentro do termo "homem". A palavra "homem", porém, não inclui, necessariamente, a "mulher". Todas as mulheres e todos os homens são seres humanos, mas nem todos seres humanos são homens, porque existem também os que são mulheres. Portanto, a palavra "homem" não simboliza a humanidade, pois embora o homem seja um ser humano, o homem não é uma mulher, a qual também é um ser humano.

8 É válido pensar que, se Sartre buscou elaborar a sua própria ética, a qual foi publicada, mesmo que incompleta, postumamente (*Cahiers pour une morale*), então ele não concordou com tudo que Simone de Beauvoir escreveu em *Por uma moral da ambiguidade*, isto é, não assumiu como seu pensamento o pensamento da filósofa. Neste sentido, compreendemos que há uma singularidade e originalidade na obra de ambos, embora tenham compartilhado ideias, nomenclaturas conceituais e reflexões filosóficas.

contrário, sucesso: este fim que o homem [*sic!* ser humano] se propõe ao se fazer falta de ser se realiza, com efeito, através dele" (PMA, p. 17, *grifo nosso*). Simone de Beauvoir, ao assentir a impossibilidade de se realizar como *ser*, anuncia a possibilidade de o existente aceitar a tensão ontológica da própria existência com o fracasso que ela traz consigo. Ao assumir-se como existência, isto é, como falta de ser, o existente "pode negar essa falta como falta e se afirmar como existência positiva. Então, ele assume o fracasso. E a condenada enquanto esforço para ser, reencontra a sua validade enquanto manifestação da existência" (PMA, p. 18). Análoga à dialética hegeliana, ela realiza uma "negação da negação por meio do qual o positivo é restabelecido" (PMA, p. 19), mas não em busca de uma superação, e sim de uma *conversão*. Se não é possível superar a negatividade da existência, é exequível convertê-la em uma forma positiva, uma vez que o fracasso é assumido, não superado.

Simone de Beauvoir, por conseguinte, indica que essa "conversão existencialista deve antes ser aproximada da redução husserliana" (PMA, p. 18), pela razão de que o ser humano deve "colocar entre parênteses" sua "vontade de ser", uma vez que, por meio da *epoché* há uma prevenção aos equívocos do dogmatismo. O ser humano, ao realizar a redução fenomenológica de sua "vontade de ser", descobrirá a sua condição original, a qual não se define a partir de um ponto de vista de uma objetividade inumana. A "vontade de ser", por ser caraterizada pela vontade de alcançar a síntese do para-si e do em-si é, em certa medida, uma determinação *a priori* do que o ser humano deveria querer ser, além de pressupor como meta uma objetividade inumana. Diferente disso, a condição original do ser humano, de acordo com a filosofia de Simone de Beauvoir, fundamentar-se-á mediante os aspectos *humanos* da objetividade, bem como da subjetividade, tendo em vista que "as ações humanas só não têm sentido quando nós invocamos uma objetividade inumana" (PMA, p. 20).

O existente, ao querer desvelar o ser, ao invés de querer ser o ser, não projetará em um céu ideal a impossível síntese do para-si e do em-si, mas aceitar-se-á como falta de ser na Terra (PMA, p. 19); ele "abandonará o sonho de uma objetividade inumana; compreenderá que não se trata para ele de ter razão aos olhos de um Deus, mas de ter razão aos seus próprios olhos" (PMA, p. 19). A "vontade de ser" o ser, nesse sentido, converte-se em uma busca por querer desvelar o ser. A meta humana será humana, não inumana. Por meio da "conversão existencialista", Simone de Beauvoir possibilita uma transcendência das concepções de vida humana como "paixão inútil" ou "absurda": primeiro, porque ao existente se torna possível assumir positivamente a sua condição original, que consiste em ser uma falta de ser, mas com possibilidade de tornar-se existência; em ser tanto facticidade quanto liberdade; segundo, embora o ser humano seja "originalmente livre no sentido que se lança espontaneamente no mundo" (PMA, p. 27), a sua condição não é *a priori* nem pessimista nem otimista, pois "no desamparo original em que o homem [*sic!* ser humano] surge, nada é útil, nada é inútil" (PMA, p. 17). Assim, ela mostra que declarar a existência, *inicialmente*, injustificável, não significa condená-la a ser injustificada. O ser humano existe. "Não se trata para ele de se perguntar se sua presença no mundo é útil, se a vida vale a pena ser vivida: são questões destituídas de sentido. Trata-se de saber se ele quer viver e em que condições" (PMA, p. 19).

Uma das condições do ser humano é existir em situação no mundo. O mundo, para a filósofa, não é uma totalidade dada, mas uma totalidade destotalizada, o que significa que, embora o mundo seja o mesmo para todos os humanos, estes sempre estão em situação com ele, e essa situação envolve o seu passado, sua classe, sua condição, seus projetos, isto é, tudo o que forma a sua individualidade. Por meio disso, o ser humano *se expressa* no mundo, "da maneira como Leibniz falava em *expressar* o mundo" (QPL, p. 336), mas à diferença de Leibniz, Simone de Beauvoir não pensa os seres humanos como "Mônadas fechadas"[9], e sim como abertura ao mundo, bem como aos outros. "Cada situação está aberta a todas as outras, ela é abertura ao mundo que não é nada, mas um turbilhão de todas essas situações que envolvem uns aos outros" (QPL, p. 336). A partir disso, podemos afirmar que o ser humano é um existente que se faz falta de ser a fim de que haja ser, desvelando o ser em situação. Ao fazer-se falta de ser no mundo, o existente contribui "para revesti-lo de significação humana, ele o desvela" (PMA, p. 40); e esse "desvelamento significa que o mundo é investido com significação humana" (GOTHLIN, 2001), "que os seres humanos têm uma capacidade criativa, uma capacidade de gerar significados" (GOTHLIN, 2001), por essa razão, Gothlin (2001) supôs que o conceito de desvelamento de Simone Beauvoir teria sido inspirado no conceito de desvelamento heideggeriano.

Por meio das noções de existência, mundo e situação elaboradas pela filósofa, podemos compreender as suas noções de liberdade, subjetividade, transcendência, projeto e finitude. Em seu primeiro ensaio filosófico, *Pirro*

9 Em *A monadologia*, Leibniz elabora os princípios de sua filosofia, sendo o primeiro deles o da "Mônada": "A Mônada (...) não é senão uma substância simples, que entra nos compostos. Simples quer dizer sem partes", §01; E continua no §07, "tampouco há meios de explicar como uma Mônada possa ser alterada ou modificada internamente por qualquer outra criatura, pois nada lhe pode transpor, nem se pode conceber nela qualquer movimento interno que possa ser excitado, dirigido, aumentado ou diminuído lá dentro, tal como ocorre nos compostos, em que há mudanças entre as partes. As Mônadas não possuem janelas das quais algo possa entrar ou sair. Os acidentes não podem destacar-se, nem passear fora das substâncias, como faziam outros as espécies sensíveis dos Escolásticos. Assim, nem substância nem acidente podem entrar em uma Mônada a partir do exterior" (LEIBNIZ, 2009).

e Cinéias[10], ela elaborou, mediante a metáfora do "jardim de Cândido"[11], a sua noção de situação. De acordo com as palavras de Nathan Teixeira (2018, p. 200), "Simone de Beauvoir compreende a noção de situação de modo diferente de Sartre[12], fundamentalmente na perspectiva de que para ela as situações não são todas equivalentes, de modo a ser possível hierarquizá-las"; isto é, para a filósofa francesa, as situações humanas são singulares, ainda que existam situações que são preferíveis a outras e, por isso, podem ser hierarquizadas; por exemplo, uma situação em que um indivíduo pode saciar suas necessidades básicas é preferível a uma situação em que uma pessoa humana sente a dor da fome por não ter condições materiais para comprar comida. Por isso, Simone de Beauvoir "pensa que há sim como estabelecer uma diferenciação entre as situações posto que estas atuam ativamente sobre a liberdade, apesar de essa atuação não ser ao modo de uma determinação causal" (TEIXEIRA, 2018, p. 200). A situação, portanto, é não somente um lugar concreto na Terra que possibilita ao existente *fundar-se* por meio de seu projeto, para justificar-se no mundo, mas também a forma como o sujeito se relaciona com esse lugar. Assim, através da metáfora do "jardim de Cândido", como analisou Nathan Teixeira (2018, p. 207), "a situação é o estar enraizado em um solo a partir do qual faço meus projetos que são projetos de cultivo deste solo no qual florescerá o que sou".

Mas, afinal, o que sou? Uma liberdade[13], uma subjetividade, uma transcendência. O que isso significa? Significa que, inicialmente, o ser humano é lançado no mundo como pura espontaneidade e pura contingência. Há uma identidade entre subjetividade e transcendência, as quais são, em um primeiro momento, movimentos da consciência intencional e abertura ao mundo e aos outros; e "a liberdade se confunde com esse próprio movimento da realidade ambígua que chamamos existência" (PMA, p. 26). Assim, "a subjetividade", de acordo com Thana Souza (2018, p. 224), "é compreendida como transcendência que leva o dado consigo, mas a ele não se limita, que tem o papel de criar[14], nesse mundo com sentidos já constituídos, novos valores e possibilidades". Por isso, "quando a criança começa a *questionar*, ela descobre a sua subjetividade, descobre a subjetividade dos outros" (PMA, p. 38, *grifo nosso*); e, posteriormente, na adolescência,

10 Esse ensaio, de acordo com a própria Simone de Beauvoir, "fornece um conteúdo material à moral existencialista" (FI, p. 448).

11 Em seu artigo "Situação, subjetividade e apelo em Pyrrhus Et Cinéas de Simone de Beauvoir", Nathan Teixeira (2018) realiza uma análise profunda da metáfora do "Jardim de Cândido".

12 De *O ser e o nada*.

13 No próximo capítulo, desenvolveremos sobre o tema da liberdade como liberdade concreta, como liberdade autêntica.

14 Retomaremos este aspecto da transcendência no próximo capítulo.

compreende que os atos humanos pesam sobre a terra, e que ela também precisará escolher e decidir. Na adolescência, é o momento em que os seres humanos devem assumir a própria subjetividade, por isso, é nessa fase da vida que se é descoberto o drama original da escolha.

No mundo, a partir disso, não é possível a sonhada neutralidade, uma vez que sempre estamos em situação; e nem lícito "manter pura as mãos", como quis Xavière em *A convidada*, e Jean-Pierre no primeiro ato de *As bocas inúteis*. "Todavia, pesamos sobre a terra - Jean-Pierre. Como é possível saber? - Catherine. Não se pode saber. Mas agora vejo claro. Nosso destino é este risco e esta angústia. Por que haveríamos de ansiar a paz? - Jean-Pierre" (BI, p. 70). Todos nós pesamos sobre a terra, concluiu Jean-Pierre, mas não como um ser que *é*, e sim como um ser que está *fazendo-se*. O destino é "risco e angústia", porque ao assumir-se positivamente como subjetividade, o ser humano assume-se também como liberdade, a qual tem como essência o risco, a incerteza e a imprevisibilidade. Além disso, a assunção da subjetividade permite também desvelamento do ser, o que "contribui para povoar o mundo de objetos desejáveis de significações comoventes" (PMA, p. 57), na medida em que "a subjetividade se afirma positivamente, num movimento rumo a um objeto" (PMA, p. 57).

Ainda que, originalmente, a subjetividade seja pura contingência, para Simone de Beauvoir, ela se realiza, se efetiva, somente como presença *no* mundo. Por essa razão, "uma vida que não busque fundar-se será pura contingência. Mas a ela é permitido querer dar a si um sentido e uma verdade" (PMA, p. 20). É mediante seu projeto que o existente situado funda-se no mundo, buscando dar um sentido a sua própria vida. E "todo projeto emana de uma subjetividade" (PMA, p. 20), mas o movimento dessa subjetividade que possui identidade com a transcendência, que se enleia com o espontâneo movimento original da liberdade, não é justificado em si mesmo; e caso permaneça neste estado, a existência se torna absurda. "Assim, a espontaneidade humana se projeta na direção de algo; mas para que esse sentido justifique a transcendência que o desvela, é preciso que ele próprio esteja fundado" (PMA, p. 27): ele não o será se o existente não o escolher fundá-lo. Deste modo, podemos perceber que a concepção de projeto em Simone de Beauvoir possui uma singularidade, na medida em que o projeto não é apenas abertura para o ser, uma transcendência, mas engajamento no mundo, por meio da ação, que possui como fundamento a liberdade concreta.

O projeto para dar sentido à vida humana não é somente movimento espontâneo da existência; é uma assunção concreta desse movimento, em que o existente precisa escolher uma meta, um fim, isto é, dar uma direção para tal movimento, na medida em que "a subjetividade do ser humano se revela por um engajamento no mundo objetivo" (PC, p. 166). É no seu projetar-se que ele se situa no mundo, situando também os outros. O existente, para Simone de Beauvoir (PC, p. 163) é a realização de seu projeto, porque ele é o que ele fundou. No mundo, porém, o ser humano está presente de duas maneiras: "ele é um objeto, um dado superado por transcendências estrangeiras; e ele próprio uma transcendência que se lança para o futuro. O que é seu é o que funda por meio de seu livre projeto, e não o que é fundado a partir dele por outrem" (PC, p. 163). Daí, o projeto, na concepção da filósofa, não é somente transcendência enquanto movimento espontâneo da consciência intencional, mas também um desdobramento desse próprio movimento em vista de um fim definido; o que não significa curvar-se "sobre o movimento interno e, aliás, *abstrato*, de uma espontaneidade dada, mas de aderir ao movimento *concreto* e singular da qual essa espontaneidade se define ao lançar-se para um fim" (PMA, p. 27, *grifos nossos*). E é por meio desse fim estabelecido que o próprio movimento da existência é confirmado.

A sua noção de fim é ambígua, "uma vez que todo fim é ao mesmo tempo um ponto de partida; mas isso não impede que ele possa ser visado como fim: é nesse poder que reside a liberdade do homem [*sic!* ser humano]" (PC, p. 147). A ambiguidade da noção de fim está relacionada com a ambiguidade da existência, a qual possui como "condição superar todo dado; uma vez alcançada, sua plenitude cai no passado, deixando completamente aberto este 'vazio sempre futuro' de que fala Valéry" (PC, p. 146). O vazio da existência, neste aspecto, não é sinônimo de nada, mas é um vazio intrínseco ao movimento da existência, tendo em vista que "uma existência não poderia se fundar se desabasse instante por instante no nada" (PMA, p. 28). Há no projeto, por essa razão, uma ideia de continuidade, um fundando-se contínuo. Logo, o projeto, em Simone de Beauvoir (PC, p. 140), possui uma dimensão temporal, na medida em que a ação de escolher não é uma ação arbitrária. Uma escolha atual do existente leva em consideração o seu passado, e esse passado envolverá o seu futuro, uma vez que o futuro não pode constituir-se sem o passado. Assim, em certo sentido, no presente há tanto passado quanto futuro.

A estrutura temporal do projeto, como se pode perceber, não é linear, posto que, no tempo presente existe um desdobramento do passado e uma abertura ao futuro. "A *vida* se aplica a um só tempo a se perpetuar e a se superar; se ela nada faz além de se manter, viver é apenas não morrer, e a *existência*[15] humana não se distingue de uma vegetação absurda" (PMA, p. 71, *grifos nossos*). A partir desse excerto, podemos dizer que, apesar da

15 Para Simone de Beauvoir, como observou Andrea Veltman (2006), haveria uma distinção entre vida e existência. A vida humana não possui em si uma justificativa. Por isso, o ser humano só se faz existente se se reconhece como falta de ser para desvelar o ser, em busca de uma justificação de si mesmo. Assim, a existência é uma busca para a justificação da

ideia de continuidade ou perpetuação, a justificação da vida humana por meio do projeto, só é realizada se o "perpetuar-se" e o "superar-se" estiverem integrados, isto é, se o ser humano elaborar os seus próprios fins; porque "apartado de sua transcendência, reduzido à facticidade de sua presença, um indivíduo não é nada; é através de seu próprio projeto que ele se realiza, através do fim visado que ele se justifica; essa justificação está, pois, sempre por vir" (PMA, p. 95). O fundando-se em situação no mundo não é um viver apenas para não morrer, mas uma afirmação de si como liberdade positiva e concreta, não como vida que se manifesta, mas como existência que age, e a ação é uma efetuação da liberdade ontológica em liberdade concreta.

Além disso, há uma ambiguidade que é, para a filósofa, "a mais fundamental de todas[16]: "que todo movimento vivo é um deslizamento na direção da morte. Mas se aceitem considerá-la de frente, descobrem também que todo movimento na direção da morte é vida" (PMA, p. 104). Por isso, "a existência é concebível como afirmação do futuro" (PMA, p. 98); para se viver, é necessário que o presente pereça, uma vez que ele é sempre uma abertura para o futuro, e este, um movimento prolongado da existência atual. "O futuro", conforme isso, é um sentido definido de uma transcendência singular e está tão estreitamente ligado ao presente que compõe com ele uma única forma temporal" (PMA, p. 95). Contudo, enfatiza-se aqui que não há uma negação do presente em nome de um futuro, mas a afirmação de um presente que é "prenhe de futuro", como já dizia Leibniz. Afinal, o projeto só existe no presente, embora a sua justificação sempre esteja por vir. Então, "a existência não deve negar esta morte que ela porta em seu cerne, mas querê-la; ela deve afirmar-se como absoluto em sua própria finitude; é no seio do transitório que o homem [*sic!* ser humano] se realiza, ou nunca" (PMA, p. 95). Ao aceitar sua finitude, o existente reconhecerá que seus projetos são finitos e singulares. Simone de Beauvoir rejeitará a ideia de um "futuro mito" que possivelmente justificaria as ações dos seres humanos. O projeto humano é finito. O ser humano é finito não porque morre, mas porque o limite de seu "empreendimento está em seu próprio âmago, e não fora dele" (PC, p. 166).

---

vida, originalmente, injustificada. Em vista disso, por hipótese, podemos dizer que há, em *Tentative d'existence*, uma ideia embrionária dessa problemática.

16 Não foi por acaso que Simone de Beauvoir iniciou *Por uma moral da ambiguidade* citando Montaigne: "a contínua obra de nossa vida é construir a morte". Para ela, essa é a condição trágica pela qual os animais não humanos e as plantas passam, mas que apenas os seres humanos tomam consciência dela. Para a filósofa francesa, porém, durante muitos anos ao longo da filosofia ocidental, tentou-se mascarar essa condição, reduzindo os seres humanos, ora à matéria ora ao espírito. Por isso, há, nessa obra citada, uma tentativa da assunção dessa ambiguidade fundamental: "é do conhecimento das condições autênticas de nossa vida que é preciso tirar a força de viver e razões para agir" (PMA, p. 15).

Portanto, ser mortal e ser finito, de acordo com a filosofia de Simone de Beauvoir, não possuem os mesmos significados[17]. Ela discordará de Heidegger no que diz respeito ao projeto autêntico de ser humano de ser um ser-para-a-morte[18], pois ele não funda a sua morte, ele *é* mortal. E, em sua compreensão, "Heidegger não tem o direito de dizer que esse ser é precisamente *para* morrer; o fato de ser é gratuito" (PC, p. 166, *grifo da autora*). O ser humano não é um "para" *a priori*, ele é, originalmente, sem razão, sem finalidade. Ele "existe sob forma de projetos que não projetos rumo à morte, mas projetos rumo a fins singulares" (PC, p. 168). É uma falta de ser, reconhece essa falta como falta para desvelar o ser; por meio do projeto que emana de sua subjetividade, transcendência e liberdade, desvela o ser, engendrando, por sua vez, significado e sentido no mundo; o seu projeto é situado, singular e finito. Destarte, a fonte dos valores para a filósofa não é o ser humano impessoal, universal, mas "a pluralidade de seres humanos concretos, singulares, projetando-se para seus fins próprios a partir de situações cuja particularidade é tão radical, tão irredutível quanto a própria subjetividade" (PMA, p. 21). Diante disso, "o ser humano não pode nem reduzir indefinitivamente seu ser nem dilatá-lo ao infinito" (PC, p. 150), ele deve reconhecer e "considerar seu empreendimento em sua verdade, isto é, sem sua finitude" (PC, p. 119).

---

17 Em seu livro *Todos os homens são mortais*, Simone de Beauvoir aborda esse tema. A personagem principal, Fosca, bebe o elixir da imortalidade. Contudo, embora tenha se tornado imortal, Fosca ainda continuava finito, no sentido de que seus projetos eram finitos, seus fins ambíguos e temporais (THM, 1983).

18 Em *Os mandarins* e *Pensamento de direita, hoje*, Simone de Beauvoir mostra as consequências morais e políticas deste aspecto teleológico da ontologia heideggeriana (PDH, 1972). Se os seres humanos são ser-para-a-morte, qual seria a diferença entre morrer e ser morto? (M, 2017).

A Atitude Autêntica do Ser Humano no Mundo

"Querer-se livre é *efetuar* a passagem da natureza à moralidade fundando na irrupção original de nossa existência uma liberdade autêntica" (PMA, p. 26, *grifo nosso*), escreveu Simone de Beauvoir. A partir desse excerto, podemos afirmar que, embora o ser humano seja ontologicamente livre, ele precisa realizar o movimento de querer-se livre, uma vez que o "ser-livre" não implica, automaticamente, o "querer-se livre"; ao realizar o movimento do "ser-livre" ao "querer-se livre", o existente efetiva a passagem da natureza à moralidade, da facticidade à liberdade; ele não escolhe "ser-livre", e sim "querer-se livre". A liberdade ontológica não é, por definição, uma liberdade autêntica, moral e concreta. Não haveria sentido versar sobre a liberdade autêntica se toda liberdade fosse *naturalmente* autêntica; sobre a liberdade moral, se *espontaneamente* a liberdade fosse constituída no mundo; sobre a liberdade concreta, se todos os seres humanos tivessem condições de assumir *positivamente* sua liberdade. O ser humano, como vimos no capítulo anterior, é lançado no mundo, originalmente, como pura contingência e pura espontaneidade; porém, a ele é permitido justificar-se por meio de seu projeto fundado no mundo. Nesta perspectiva, discorremos aqui, que a liberdade autêntica, bem como a existência, para Simone de Beauvoir, não é *dada*, "ela só é *fazendo-se ser*; de tal maneira que, precisamente, é apenas na medida em que deve ser conquistada que ela se dá" (PMA, p. 26, *grifo nosso*).

O ser humano, então, não é, espontaneamente, uma existência, *ele faz-se existência*, porque ele "não é senão o que faz; o possível não supera o real, a essência não precede a existência; em sua subjetividade o ser humano não é nada. Medem-no pelos seus atos" (SS, p. 348). Logo, ele só é fazendo-se ser por meio do desvelamento do ser, para que haja o ser. A *existência*, por esse viés, pode ser entendida como um modo de existir do ser humano, que ele efetiva "ao se fazer falta de ser" (PMA, p. 17), tornando-se uma presença. Mas para assumir a existência é preciso que ele renuncie à vontade de ser em detrimento da vontade de desvelar o ser. E ainda, somente ao ser humano é possível a existência, porque apenas ele é falta de ser. Por essa razão, não foi por acaso que o tema da busca da existência, e não do ser, foi abordado profundamente pela filósofa. Embora sua filosofia não seja elaborada na construção de sistema, esse tema foi retratado, sistematicamente, ao longo de sua obra. Aos 18 anos de idade, antes de conhecer o pensamento de Edmund

Husserl, Martin Heidegger e Jean-Paul Sartre, Simone de Beauvoir apresentou esse problema filosófico em *Tentative d'existence*, sendo-nos permitido afirmar que, possivelmente, esse tema foi originalmente engendrado por ela, tendo em vista que, em seu pensamento, a existência não é dada, mas continuamente conquistada. Todavia, é válido enfatizar que o existir enquanto "vida humana" é uma evidência, porque não será questionado se o ser humano existe no mundo, e sim em que condições ele vive e pode viver.

Correlata à busca da existência é a busca da autenticidade, na medida em que a tentativa de fazer-se existência é também, em certo sentido, uma tentativa de fazer-se autêntico no mundo. Retornando à questão inicial: que é a autenticidade, segundo a filosofia de Simone de Beauvoir? É a assunção da condição ontológica do ser humano, a qual consiste em ser uma falta de ser, mas lhe é permitido tornar-se uma existência. Em outras palavras, a atitude autêntica do ser humano constitui em assumir-se a si mesmo em situação no mundo; ao assumir-se a si mesmo, ele deve assumir também a sua situação no mundo, reconhecendo-a como um dado a ser transcendido; nesse reconhecimento, ele se apercebe como facticidade e liberdade, objeto e sujeito: como ambiguidade. Dessa maneira, podemos dizer que, em sua moral, Simone de Beauvoir pressupõe a sua concepção de condição humana ontológica; que se preocupou tanto com as condições ontológicas da existência humana quanto com as possibilidades concretas de uma existência moral.

Conforme Eva Gothlin (2001, p. 45), "a moral está no núcleo de sua filosofia, representando um símbolo de sua originalidade dentro da tradição francesa de fenomenologia". E sua relação com a fenomenologia é indispensável para compreendermos a sua moral, pelo fato de que ela possui como um de seus princípios a ideia de intencionalidade da fenomenologia husserliana. Para Simone de Beauvoir, existe "uma verdade que não pode ser decomposta: a relação eu-outrem é tão indissolúvel quanto a relação sujeito-objeto" (PMA, p. 63). Disso, surge uma questão pontual: nem toda vontade de fazer-se existência coincidirá com a vontade de fazer-se autêntico, pois se a relação eu-outrem é indissolúvel, o fazer-se autêntico deve levar em consideração a relação *com* o outro concreto. Em *O segundo sexo*, podemos perceber que atitude de um homem em relação a uma mulher[1],

1 Em *O segundo sexo*, Simone de Beauvoir não busca elaborar uma definição universal de "mulher", o que entraria em contradição com a sua própria filosofia. Na introdução do primeiro volume da obra mencionada, ao citar a conhecida passagem de Levinás: "A mulher determina-se e diferencia-se em relação ao homem, e não este em relação a ela; a fêmea é o inessencial perante o essencial. O homem é o Sujeito, o Absoluto; ela é o Outro" (SS, p. 17), a filósofa realizou uma crítica a ela, argumentando que Levinás esqueceu o fato de que "a mulher é igualmente consciência para si" (SS, p. 17). Portanto, como analisou Sara Heinämaa (2006, p. 34, *tradução nossa*), "Simone de Beauvoir não aceita a ideia de Levinás de diferença sexual radical. Para ela, mulheres e homens são duas variações de incorpo-

frequentemente, é inautêntica, no sentido de que ele busca assumir-se como existência, mas essa assunção possui como consequência a coisificação da mulher, na medida em que o movimento concreto da transcendência dele não é uma abertura para a dela, pelo contrário. Ainda de acordo com Eva Gothlin (2001, p. 47), essa forma de assunção de si mesmo está relacionada com a "vontade de ser" que implicaria tanto a inautenticidade quanto a tendência para oprimir os outros ou aceitar o estado de subordinação de si mesmo. Podemos entender melhor, à luz disso, porque Simone de Beauvoir argumentou que o "tipo original de apego ao ser não é a relação: querer ser, mas: querer *desvelar* o ser" (PMA, p. 17, *grifo nosso*). No momento em que o existente desvela o ser no mundo, ele possibilita a comunicação com o outro, sendo o desvelar-se de um, um possível ponto de partida para o desvelar-se do outro; é por meio das coisas que os seres humanos desvelam que ocorre a comunicação. Assim, querer a autenticidade é também querer desvelar o ser, como também querer livre a si mesmo e aos outros.

O "querer-se livre", para a filósofa, possui aqui um sentido concreto e positivo. "Se o homem [*sic!* ser humano] quer salvar a sua existência[2], o que só ele tem condições de fazer, é preciso que sua espontaneidade original se eleve à altura de uma liberdade moral tomando a si mesmo como fim através do desvelamento de um conteúdo singular" (PMA, p. 32). A liberdade, nesse sentido, possui dois aspectos interdependentes: ela é a própria modalidade da existência enquanto espontaneidade livre e uma realidade concreta no mundo. Com ela, a partir disso, "não podemos mais conceber uma liberdade ontológica que exista independentemente da liberdade [moral], social e política" (KRUKS, 1987, p. 113), tendo em vista que ela realizou uma "distinção entre o que caracteriza a consciência humana e as possibilidades concretas de liberdade na sociedade" (GOTHLIN, 1994, p. 901).

O "ser-livre" e o "querer-se livre", sendo assim, não é uma contradição[3], pois a liberdade não é uma coisa ou um objeto, mas o movimento da

---

ração humana". Logo, a interpretação, usualmente aceita, a qual compreende a introdução do primeiro volume de *O segundo sexo* como uma definição de mulher, é baseada em um mal-entendido, de acordo com a intérprete já citada.

2 De acordo com o pensamento de Simone de Beauvoir, é possível ao ser humano querer-se não livre, por exemplo, na preguiça, na fuga, no quietismo, na seriedade, uma vez que entra em sua própria condição poder não realizar a sua condição ontológica. Por isso, a questão da autenticidade é decisiva, pois ela representa uma alternativa à interpretação da existência como absurda ou condenada.

3 Embora seja uma evidência, para a filósofa, que o "ser-livre" e o "querer-se livre" não é uma contradição, é possível que alguém se questione: Se somos livres, qual seria o sentido de querermos a liberdade, se a ela já estamos condenados? O estar "condenado", porém, é um pressuposto *a priori* que Simone de Beauvoir recusou, na medida em que o "ser-livre" não implica, automaticamente, o "querer-se livre", isto é, é possível também ao ser humano "querer-se não livre".

própria existência; quando um existente quer-se livre, ele busca confirmar a sua liberdade ontológica (ser-livre) como realidade concreta no mundo. A liberdade concreta não é senão uma efetivação da liberdade ontológica, por meio da ação. Ainda que a liberdade ontológica seja uma condição necessária para a liberdade concreta, ela não é uma condição suficiente, em razão de que os seres humanos são seres situados e as situações humanas[4] não são todas equivalentes. "Há, portanto, duas maneiras de superar o dado: é muito diferente prosseguir uma viagem ou evadir-se de uma prisão" (PMA, p. 72). Nessas duas situações, de acordo com a filósofa, o dado está presente em sua superação; mas na primeira está presente enquanto aceito, ao passo que na segunda está enquanto recusado.

Podemos perceber que o centro da investigação filosófica de Simone de Beauvoir foi "a vida concreta do ser humano" (ARP, 2017). Para ela, "a moral autêntica deve ter suas raízes na vida e na realidade" (SS, p. 206). A sua moral, dessa maneira, por se fundar na vida concreta e não no conhecimento de princípios prescritivos,"alicerçar-se-á na noção de sujeito situado", como defendeu Kristana Arp (2001, p. 179). Consequentemente, o ser humano impessoal, universal e absoluto, em sua filosofia, "não existirá em parte alguma" (PMA, p. 95); ele não é a fonte dos valores, e sim "a pluralidade de homens [*sic!* seres humanos] concretos, singulares, projetando-se para seus fins próprios" (PMA, p. 21). Vinculada a essa noção de sujeito situado está a de que o sujeito moral beauvoiriano, como argumentou Eva Gothlin (1994, p. 900), não é sem gênero, à maneira de Kant, e indiferente à situação do agente moral, ainda que a filósofa concorde com Kant, Fichte, Schelling, Hegel e Sartre que a fonte de todos os valores reside na liberdade.

Em seu primeiro romance publicado, *A convidada* (C, 1984), Simone de Beauvoir mostra a passagem do sujeito universal ao sujeito situado com a personagem Françoise. Esta, que acreditava ser uma consciência absoluta, neutra e transparente, ao longo do romance metafísico, descobre-se um outro para os outros, um sujeito situado no tempo e no espaço, e por consequência, redescobre-se corpo. "O corpo", no entanto, "não é um fato bruto, ele exprime a nossa relação com o mundo" (PMA, p. 40). "O que chamamos de vitalidade, de sensibilidade, de inteligência não são qualidades prontas, mas uma maneira de lançar-se no mundo e de desvelar o ser. É, sem dúvida, a partir de suas possibilidades fisiológicas que cada um se lança" (PMA, p. 40) no mundo. A filósofa, com isso, evidencia que ser um sujeito situado significa também ser um sujeito com corpo; e esse corpo é definido a partir da existência. Ele, assim, "não é uma coisa, é uma situação: é nossa tomada de posse do mundo e o esboço de nossos projetos" (SS, p. 67). Mas "não é enquanto corpo, é enquanto corpo submetido a tabus, a

4 Sobre a hierarquia das situações, ver capítulo 1.

leis, que o sujeito toma consciência de si mesmo e se realiza: é em nome de certos valores que ele se valoriza" (SS, p. 69). O ser humano, portanto, não é um corpo-objeto, mas um corpo-vivido.

O agente moral da ética de Simone de Beauvoir, mediante o que foi discorrido até o momento, é um existente, bem como um corpo-vivido, que se encontra sempre em situação no mundo. Como vimos, tanto a liberdade quanto o projeto humano só se realizam fundando-se e engajando-se, concretamente, no mundo. A liberdade e o projeto, enquanto movimento espontâneo da consciência intencional, não são em si justificados. A justificação da vida só é possível por meio da ação. Nesta perspectiva, é necessário compreender que a liberdade, a subjetividade, a transcendência e o projeto, em Simone de Beauvoir, só se efetuam mediante o agir humano. A sua moral é, antes de tudo, uma moral da ação, porque o ser humano só toma uma forma, só faz-se existência, se ele primeiramente, se lança no mundo fazendo-se, pois ele é o que faz. Por isso, "a moral é o triunfo da liberdade sobre a facticidade" (PMA, p. 42), em virtude de que o ser humano, ao "querer-se livre", assume a sua condição ontológica, a sua ambiguidade original. E ao realizar essa escolha, ele transcende a facticidade de como surgiu no mundo, isto é, como pura espontaneidade, contingência e arbitrariedade. E ao reconhecer-se como liberdade, o existente não buscará "captar" o ser, mas desvelá-lo. E o desvelamento do ser significa também, como vimos, criação de sentido e de significado no mundo. A liberdade concreta, positiva e autêntica, deste modo, é também liberdade criadora.

Ao escolher assumir a sua condição original, o ser humano busca fazer-se existência; e fazer-se existência significa reconhecer-se como falta de ser, negar essa falta como falta, e assumir a existência positivamente. A assunção da existência é também a assunção da tensão ontológica que está presente em seu cerne. A conquista da liberdade sobre a facticidade, assim, é uma escolha contínua que o existente deve realizar, por isso, traz consigo o risco e a imprevisibilidade. "Mas para que haveria eu de querer paz? Você me trouxe a coragem de aceitar para sempre os riscos e a angústia, a coragem de suportar meus crimes e o remorso que sempre há de me torturar. Não há outro caminho" (SO, p. 242) afirmou Blomart a Laurent, em *O sangue dos outros*. Por que haveríamos de querer paz? Por que haveríamos de querer a quietude? Se o ser humano não é um ser-para-a-morte, ele também não é um ser-para-a-paz ou um ser-para-a-quietude. Ele *faz-se* existência, seu destino é "risco e angústia", seu ser é ser-para-a-ação, mas esse "para" não é um "para" *a priori*, uma vez que primeiro o ser humano, originalmente, é sem razão, sem finalidade; esse "para" é o próprio existente que escolhe, pois é ele que deve engendrar um conteúdo singular para a sua ação, para a sua liberdade concreta.

Em *Pirro e Cinéias*, Simone de Beauvoir realiza uma crítica às filosofias da boa vida que pregam a quietude, o distanciamento do ser humano do mundo, o afastamento de si e dos outros. É, pois, no mundo concreto com os outros que os projetos humanos ganham sentido. É na vida que há o enraizamento da existência, não no entorpecimento, no culto à morte. Por isso, Pirro não partiu para voltar para casa, mas para conquistar. Não iniciamos um projeto só para terminá-lo, mas para vivenciá-lo, para criarmos laços com outros, para fundarmos no mundo. Nossa "relação com o mundo não está decidida de início. Somos nós que a decidimos, mas não escolhemos arbitrariamente" (PC, p. 140), porque não somos um corpo nu, mas um corpo-vivido, um sujeito situado no espaço, no tempo e na história. Ao ser humano não é permitido "surgir no mundo na pura ipseidade de seu ser sem que o mundo surja diante dele" (PC, p. 145).

Seria ainda, considerando isso, possível ao ser humano a nada se importar, se emocionar? Seria possível se apegar apenas a um instante de plenitude da vida? Estariam certos Aristipe, Horácio, os epicuristas, os estoicos e Gide, ao recomendarem que afastemo-nos do mundo dos empreendimentos e das conquistas; que não formemos mais nenhum projeto (PC, p. 142); que permaneçamos em casa, em repouso no coração de nossa fruição? "Mas será que fruição é repouso? Será em nós que a encontramos, será que ela pode um dia nos preencher?" (PC, p. 142). Sim, se ser humano fosse um vazio a ser a preenchido. Mas acontece que, para Simone de Beauvoir, a própria fruição não é repouso, "não é um dado cristalizado no estreito invólucro do instante" (PC, p. 143), e nem separação do mundo, pelo contrário, ela supõe o próprio existir do ser humano no mundo, a sua própria condição de ser separado. A fruição não ocorre em um instante puro e descontextualizado; supõe o passado de quem frui; "um prazer é mais precioso à proporção que for mais novo, à proporção que se elevar com mais intensidade do fundo uniforme das horas; mas o instante limitado unicamente a si não é novo, ele só é novo em relação ao passado" (PC, p. 143).

Sendo assim, estariam certos aqueles que defendem a moral do instante de plenitude e do distanciamento do mundo, se o ser humano não fosse, originalmente, transcendência. E por ser transcendência, não faz parte de sua condição ser preenchido, ser pura imanência; a sua moral é fazer-se desfazendo-se. A inquietude é própria da existência. Se o ser humano deseja o paraíso, é porque ele pode desejar, e o ato de desejar não é um ato de repouso, mas de movimento. Esse desejo de paraíso é uma expressão de desejo de plenitude, de justificação definitiva de si, de um viver fora do mundo ou em um mundo que só houvesse um eterno presente. Mas, ao ser humano, não é possível se retirar do mundo (PC, p. 149), a não ser com a própria morte; é preciso que a cada uma e a cada um seja possível ocupar um lugar nele. Ao existente é possível a ação, "ele precisa agir: ele só é ao transcender-

-se. Ele age no risco, no fracasso. Deve assumir o risco: ao lançar-se rumo ao futuro incerto, ele funda com certeza o seu presente. Mas o fracasso não pode assumir-se sozinho" (PC, p. 203). Com isso, podemos perceber a ênfase de Simone de Beauvoir na ação, ao contrapor-se às filosofias da quietude, uma vez que elas não fornecem uma justificativa para a vida de acordo com a condição original do ser humano de ser transcendência.

Por conseguinte, ainda em *Pirro e Cineias*, a filósofa inaugura um novo significado de transcendência, como apontou Andrea Veltman (2006). A transcendência, em seu primeiro ensaio filosófico, não é referida apenas como um movimento de uma subjetividade consciente intencional, mas também "como atividades construtivas que situam e envolvem indivíduo com outras liberdades" (VELTMAN, 2006, p. 115). Simone de Beauvoir, ainda de acordo com Andrea Veltman, "desenvolve essa associação entre transcendência e atividade construtiva com referência a Hegel, Valéry, Arland e Chardone, e não com Sartre" (VELTMAN, 2006, p. 117). Por isso, a fruição não foi concebida, por ela, como repouso, mas como movimento. Essa definição de fruição, permite-nos distinguir a transcendência enquanto um movimento da consciência intencional da transcendência enquanto atividade construtiva. A fruição é somente um movimento intencional da consciência, não uma atividade construtiva. E, em *Por uma moral da ambiguidade*, esse sentido de transcendência como atividade construtiva "é revestido com uma dimensão moral" (VELTMAN, 2006, p. 115). Ao analisar a opressão levando em consideração a definição de existência como uma liberdade que se engaja no mundo, Simone de Beauvoir nos evidencia a relevância da transcendência como atividade construtiva, na medida em que só é possível a ação, a quem tem meios concretos para fazer-se existência. A assunção da existência, daí, não é elaborada em um contexto liberalista ou voluntarista, mas materialista. Uma liberdade que não possui meios concretos para realizar-se e, por consequência, para criar significado no mundo, é uma liberdade abstrata e negativa.

Todavia, é somente em *O segundo sexo*, como analisou Andrea Veltman (2006), que Simone de Beauvoir desenvolveu a sua concepção de imanência em contrapartida com a transcendência como ação. A imanência, nesse caso, seriam as atividades necessárias para sustentar a vida, um modo de vida marcado pela passividade e pela submissão às funções biológicas e fisiológicas. A transcendência é alcançada somente no trabalho e na ação, a qual pressupõe a liberdade concreta e positiva, enquanto que a imanência é a sustentação da vida e a perpetuação do *status quo*, a liberdade nela existe como possibilidade, como abstração. A transcendência e a imanência, de acordo com Andrea Veltman (2006, p. 120), são contrastadas também em termos de relação ao tempo: "a transcendência expande os horizontes presentes para o futuro, ao passo que imanência perpetua o presente".

No que diz respeito à justificação da vida, a imanência não é suficiente, embora seja necessária, pois a justificação da vida se realiza por meio da busca da existência, enquanto transcendência que age fundando-se, engajando-se, criando o seu lugar no mundo. Por essa razão, na descrição fenomenológica de *O segundo sexo*, na maioria das vezes, as mulheres são descritas *não* como seres humanos que agem, mas que se manifestam ou reagem, posto que a ação lhes é proibida. As mulheres, frequentemente, ao longo da história, não realizaram a efetuação da liberdade ontológica em liberdade concreta, uma vez que ação só existe por meio da liberdade concreta e positiva. Pelo mesmo motivo, as mulheres, em sua maioria, foram encerradas em si mesmas, na imanência e na repetição, pois "engendrar, aleitar, não são *atividades*, são funções naturais, nenhum projeto nelas se empenha. Eis porque nelas as mulheres não encontram motivo para afirmação altiva de sua existência" (SS, p. 102, *grifo da autora*).

Em *O segundo sexo*, "a transcendência se torna simultaneamente sartreana, hegeliana e marxista, a qual designa não apenas a própria consciência, mas a realização do eu por meio do trabalho criativo e construtivo" (VELTMAN, 2006, p. 123). As manifestações da imanência, porém, não são representadas apenas pelas funções naturais da mulher ou do homem, mas também pelo espírito da seriedade[5] apresentado em *Pirro e Cinéias*, e ainda, pelas atitudes inautênticas descritas em *Por uma moral da ambiguidade*, tais como: o ser humano sério, o niilista[6], o aventureiro[7] e o apaixonado[8]. À vista disso, muitas das críticas feministas realizadas a Simone de Beauvoir, as quais interpretaram a transcendência como sinônimo de atividades masculinas, e a imanência como de atividades femininas, partiram de um mal-entendido conceitual, pois a imanência não significa uma atitude própria da mulher, e a transcendência é uma atitude profundamente humana, a qual pressupõe a assunção da condição ontológica do ser humano.

---

5 O espírito da seriedade, para Simone de Beauvoir, é aquele que perscruta *ser* o ser, isto é, que busca negar a sua liberdade e angústia, tentando afirmar-se como um em-si.

6 Simone de Beauvoir elabora a sua própria concepção de atitude niilista, como aquele que "concebe o seu aniquilamento de uma maneira substancial; ele não quer *ser* nada e esse nada com que sonha é ainda uma espécie de ser" (PMA, p. 48). Ao elaborar tal concepção, é possível que a filósofa tenha concordado com Heidegger a respeito da compreensão do niilismo enquanto um desejo de aniquilamento de si; não obstante, é válido ressaltar que existem outras concepções de niilismo e atitudes niilistas, sendo a concepção de atitude niilista de Simone de Beauvoir limitada a somente uma dessas concepções.

7 A atitude do aventureiro é aquela em que se busca ser indiferente ao conteúdo e "sentido humano de sua ação, que acredita poder afirmar sua existência sem levar em conta a de outrem. Deste modo, (...) ela compartilha do desprezo niilista em relação aos homens [*sic!* seres humanos]" (PMA, p. 54).

8 O ser humano apaixonado é aquele que possui paixões maníacas, que busca a posse, busca atingir o ser, nesse sentido, ele "se faz falta de ser não para que haja ser, mas para ser" (PMA, p. 57).

Se à mulher, frequentemente, se tornou quase impossível a transcendência, enquanto atividade de autoexpressão, foi porque pelos homens foi criado "um conjunto de instituições que funcionam analogamente às forças naturais na perpetuação de sua imanência" (KRUKS, 1987, p. 116-17). Simone de Beauvoir concordou com Sartre que somente as coisas estão sujeitas a causalidade, pois "o que frequentemente é chamado de 'eterno feminino', o comportamento e caráter que parecem distinguir mulheres de homens, foi criado humanamente e, por isso, é alterável" (KRUKS, 1987, p. 113). E, por outro lado, Sartre concordou com Simone de Beauvoir em *Crítica da razão dialética* [1960], que a condição original humana pode ser assumida positivamente, e ainda, que "os seres humanos são ao mesmo tempo os criadores de instituições sociais e suas vítimas" (KRUKS, 1987, p. 119). Os homens de hoje não criaram os mitos que fundamentam o eterno feminino, mas ao utilizarem e reproduzirem tais mitos, eles se tornam responsáveis pela sua perpetuação no mundo, não somente pela manutenção de seus privilégios.

Diante do que foi discorrido até aqui, é-nos permitido dizer que a todos os seres humanos é *possível*, ontologicamente, a existência e a autenticidade; porém, existem alguns cuja humanidade é sistemática e continuamente negada; então, embora não se possa destruir efetivamente a liberdade do ser humano, é possível existir uma efetiva e contínua suspensão dela. A negação da liberdade humana, contudo, só pode ser realizada pelo próprio ser humano, pois, se é somente um ser humano que pode confirmar a liberdade de um outro, é somente ele também que pode negá-la. A violência e a opressão não são obstáculos naturais à liberdade humana, mas criados humanamente. Por isso, somente um ser humano pode ser inimigo de outro ser humano, como enfatizou Simone de Beauvoir em *Por uma moral da ambiguidade*.

Desse modo, a filósofa buscou uma posição intermediária entre interpretações deterministas tanto do marxismo quanto do existencialismo, como sugeriu Eva Gothlin. Ora, o ser humano não é nem uma liberdade absoluta e impenetrável nem um ser determinado em sua totalidade pela situação em que se encontra no mundo. Ele é livre em situação; sua condição ontológica não pode ser destruída e, por esse motivo, há casos em que ela é negada, porque somente a quem é falta de ser é possível a negação; ao ser, a pura positividade, ela não é possível. Logo, a liberdade como libertação pode existir como possibilidade àquela e àquele que se reconhece como falta de ser e busca a existência. É nesse sentido que querer a autenticidade é querer desvelar o ser, como também querer livre a si mesmo e aos outros. Por isso, conforme Andrea Veltman (2006, p. 119-20), "uma existência autêntica vivida exige que se estabeleça uma razão para ser para si mesmo por meio de atividades transcendentes".

Mas um problema surge: se a autenticidade é a assunção da condição ontológica do ser humano, e nem todos os seres humanos possuem possibilidades concretas para fazer-se existência e, por consequência, autêntico, ela é um privilégio? Sim, com ressalvas, se estamos partindo de um ponto de vista social; e não, se estamos pressupondo a dimensão ontológica do ser humano. Aliás, pode-se concluir, com um olhar distante, que a moral de Simone de Beauvoir é ingênua e utópica, por pressupor como critérios a liberdade concreta, a transcendência enquanto atividade de autoexpressão e a autenticidade. No entanto, não foi por ingenuidade que esses critérios foram estabelecidos, mas por *criticidade*, posto que, eles revelam sintomas de uma sociedade mórbida, isto é, as diversas desigualdades engendradas por seres humanos, na medida em que somente alguns possuem oportunidades concretas para realizar-se enquanto existência, como observou Andrea Veltman (2006, p. 123).

Não foi por acaso que, na introdução do primeiro volume de *O segundo sexo*, Simone de Beauvoir afirmara que não definiria a sua análise em "em termos de felicidade, e sim em termos de liberdade" (SS, p. 31). Diferente da felicidade, a liberdade concreta possui um critério objetivo, tendo em conta que ela, necessariamente, só efetua-se por meio de um projeto fundado no mundo, que possibilita sempre uma abertura ao futuro. Por isso, a situação de opressão pode ser compreendida *também* pela ausência de liberdade positiva e concreta do ser humano, pela separação entre a sua transcendência e os seus fins. Afirmar que a mulher foi *coisificada*, por exemplo, significa dizer que ela foi "reduzida à pura facticidade de sua presença, fixada em sua imanência, apartada de seu futuro, privada de sua transcendência e do mundo que essa transcendência desvela" (PMA, p. 84). Esse é um dos sentidos do famoso, mas pouco compreendido, "tornar-se mulher". Ao tornar-se mulher, a jovem realiza uma *ruptura* com o seu passado; o seu presente já não será uma abertura ao futuro, mas uma repetição no tempo; sua transcendência não estará integrada com seus fins; seus fins não serão singulares, mas se confundirão com funções genéricas. Tornar-se mulher significa, em termos fenomenológicos, tornar-se um "ser" e não uma "existência". Esse ser, essa pura positividade, é a mulher *mistificada*, a "Mulher", o "Outro Absoluto". A consequência de tornar-se esse ser, a "Mulher", é que a mulher no mundo vivido não precisaria buscar uma justificação para si, pois seria contraditório querer justificar o que já *é*. A suposta síntese entre ser e existência pode ser encontrada na definição *mistificada* da mulher. Nessa concepção mistificada, a relação dela consigo não é de distanciamento, mas de reconciliação dada, de síntese acabada. Sua justificação não está *por vir*; está dada. Ela *é*. É a *Mulher*. Sua condição de ser um devir é substituída pela de ser um *ser*, sua negatividade torna-se positividade definitiva. Sua relação com o tempo é de uma eterna repetição de si, ao invés de um eterno ultrapassamento de si em busca de uma justificação para a sua existência. Sua doença já não é a angústia advinda de sentir o nada que há no cerne de sua existência, mas o tédio de ser uma plenitude em um mundo que está sempre em estado de recriação e criação.

Mas ocorre que a própria mulher situada no mundo vivido, por ser um ser humano, é a contradição viva da concepção mistificada da mulher, a "Mulher". Apesar de todos os esforços dos homens, as mulheres permaneceram um *devir*; a diferença é que, nesse "tornando-se", elas não tiveram oportunidades concretas de criação de si e do mundo, por se encontrarem encerradas na situação de imanência; a transcendência delas, na maioria das vezes, gastou-se de forma "vã". Simone de Beauvoir, em sua análise fenomenológica, em perspectiva da moral existencialista, da realidade mulher, mostrou não somente o que significa estar em uma situação de opressão, de imanência, mas também como, em diversos momentos, as mulheres tentaram se realizar como uma liberdade, como uma transcendência, como uma existência, como alguém que permaneceu a sentir a sua falta de ser. Isso pode ser observado, especialmente, na terceira parte do segundo volume de *O segundo sexo*, intitulada, não arbitrariamente, "justificações". A narcisista, a apaixonada ou a mística *expressam* três situações, nas quais as mulheres tentaram buscar a justificação ou a salvação de si, em um mundo criado pelos homens. Todavia, a justificação de si, realizada pela mulher, só ocorrerá, verdadeiramente, como seu domínio do e no mundo, sem ter o homem como intermediador; com a sua assunção positiva da condição humana. Ao concordar com Marx e Engels, que o trabalho é a condição necessária para a emancipação das mulheres, Simone de Beauvoir vincula essa condição com a justificação de si. Mas tal justificação mediante o trabalho, como apontou ela, só poderia ser realizada com dignidade, em um mundo socialista. No mundo capitalista, o trabalho nem sempre permite a assunção da condição humana, pelo contrário.

Ora, a questão da opressão, portanto, não é somente uma questão política, mas também moral. Envolve o ser humano em sua singularidade e generalidade, em sua condição individual e social. Essas ambiguidades não são, para Simone de Beauvoir, contraditórias; elas se encontram entrelaçadas na *situação* de cada uma e cada um. A justificação de si, dessa maneira, não está dissociada das condições concretas. Uma liberdade que não se realiza engajando-se no mundo, como vimos, permanece abstrata. Mas esse engajamento não se reduz à vontade e à capacidade do indivíduo, Simone de Beauvoir está longe de defender um voluntarismo. Para ela, por ser o ser humano uma falta de ser, faz-se necessário a ele a realização de uma conversão de sua falta de ser em existência. Nessa conversão, deve-se ser considerado tanto a sua vontade de quer-se existência e liberdade e as suas oportunidades e condições concretas. Raro são os casos em que um ser humano, em situação de opressão e imanência, consegue realizar a conversão moral ou existencialista. Normalmente, a mulher revoltada e o homem revoltado não efetuam, de fato, uma conversão de si, mas somente uma negação do mundo dado, que é um movimento necessário. Entre esses casos raros, encontra-se o de Carolina Maria de Jesus. Essa raridade não indica o sentido neoliberal da meritocracia, mas expressa uma situação na qual se encontram enleadas as ambiguidades da escritora brasileira. Pretendemos mostrar alguns aspectos de sua situação, nas páginas a seguir.

Segunda Parte

A Busca da Existência por Carolina de Jesus

"A verdadeira extensão da vida de uma pessoa, diga o que disser o Dicionário Biográfico Nacional, é sempre matéria discutível".

Virginia Woolf

Quando Bitita Torna-se Carolina

"Já que a barriga não fica vazia, tentei viver com ar. Comecei desmaiar. Então eu *resolvi* trabalhar porque eu não *quero* desistir da vida", escreveu Carolina Maria de Jesus (2014, p. 61) em seu diário de 1958. "Não *quero* desistir da vida", a escritora brasileira decide, aqui, apesar de sua situação de moradora em favela, afirmar-se, positivamente, no mundo. Sua afirmação no mundo, porém, não ocorreu, em um primeiro momento, como luta para *existir*, mas como luta para *sobreviver* e, por isso, por uma via negativa da liberdade. Simone de Beauvoir, com esta situação "humana" possível, também inquietou-se; reconheceu que existem liberdades que se consomem "combatendo a doença, a ignorância, a miséria" (PC, p. 201). A respeito disso, em longas discussões, ela sustentou, em discordância com Sartre à época, a existência de "uma hierarquia entre as situações; subjetivamente, a salvação era em todo caso possível; não se devia, contudo, deixar de preferir o saber à ignorância, a saúde à doença, a prosperidade à penúria" (PC, p. 448); defendendo não somente que uma situação afeta, mesmo que de forma não causal, a liberdade do ser humano, mas também que as possibilidades concretas que se abrem às pessoas não são iguais. Desse modo, compreendemos que é possível investigar o "caso Carolina" a partir da filosofia de Simone de Beauvoir, pela razão de que ela não concebeu o ser humano como determinado, seja pela liberdade seja pela situação social, mas, ao contrário, buscou uma intermediação entre esses dois âmbitos.

Em vista disso, dissertamos, no primeiro capítulo, sobre a condição ontológica do ser humano e, no segundo capítulo, argumentamos que a atitude autêntica do ser humano no mundo consiste na assunção dessa condição ontológica. Carolina Maria de Jesus, em concordância com a estudada noção de autenticidade de Simone de Beauvoir, teve uma *postura* autêntica no mundo. Enfatiza-se desde já que a autenticidade não é uma substância em que se *é*, mas uma atitude em que se *faz, realizando-se*. Assim, ao afirmarmos que Carolina teve uma existência autêntica, compreendemos que ela agiu no mundo, demasiadamente, com atitudes autênticas, posto que um ser humano não *é* autêntico ou inautêntico, mas existem alguns que agem muitas vezes com autenticidade, em que podemos identificá-los com ela, e outros que agem ou reagem frequentemente com inautenticidade, nos permitindo, então, enxergá-los apenas como inautênticos. O fazer-se autêntico, como vimos, pressupõe o fazer-se existência, e fazer-se existência significa reconhecer-se como falta de ser, "negar essa falta como falta e se afirmar como existência positiva" (PMA, p. 18), e ainda, sem negar a liberdade do outro. Ora, Carolina de Jesus, no mundo, não apenas *reagiu* como catadora de papéis, mas também *agiu* como escritora. E, de acordo com o que escrevemos até o momento, é-nos possível entender que há uma diferença entre reagir e agir, porque só aquele que se faz existência age no mundo, desvelando-o.

Mas, afinal, quem foi Carolina Maria de Jesus? Frequentemente, com uma espécie de "razão metonímica"[1], ela é definida pelo trinômio "favelada, negra e mulher", com ênfase, no primeiro epíteto: favelada. Em alguns casos, esse "favelada" foi substancializado, ultrapassando a própria Carolina. Aquela[2] que existiu no mundo, e com ele se relacionou de diferentes maneiras. Descendente de escravas e escravos, sendo seu avô escravo libertado, e sua mãe, filha do ventre-livre, ela nasceu em 1914, em Sacramento, interior de Minas Gerais, onde teve uma miserável infância; na adolescência, em busca de curar as feridas que havia em suas pernas, viajou, ora caminhando ora por meio de algum transporte, para diferentes cidades tais como Uberaba, Ribeirão Preto, Sales de Oliveira, Orlândia. Com o passar do tempo, sua vida no interior foi ficando cada vez mais difícil, aos 33 anos de idade, decidiu seguir o caminho da maioria dos migrantes: partiu para a grande São Paulo. Sozinha, "dormiu sob pontes, em estradas e lugares desprotegidos. Fez várias coisas para ganhar dinheiro, principalmente, trabalhou como empregada doméstica. (...). Algumas vezes, tentou ser artista de circo" (MEIHY; LEVINE, 1994, p. 21). Em 1948, engravidou de seu filho João José; e uma mulher grávida, como doméstica, não conseguia empregar-se; o que resultou em sua ida para Canindé, a primeira favela de São Paulo. Lá, construiu, com as próprias mãos, seu barraco, e passou a ser catadora de lixo (DE JESUS, 2014, p. 25). Audálio Dantas, o repórter e futuro editor de *Quarto de despejo*, em 1958, com o objetivo de elaborar uma matéria sobre Canindé, conheceu Carolina e seus diários, nos quais expressava os dramas de seu cotidiano. A história que ele pretendia contar, contudo, já estava escrita por uma mulher negra que habitava a favela; "li, e logo vi: repórter

---

1 De acordo com Boaventura de Sousa Santos (2002, p. 241-242), "a razão metonímica é obcecada pela ideia da totalidade sob a forma da ordem. Não há compreensão nem acção que não seja referida a um todo e o todo tem absoluta primazia sobre cada uma das partes que o compõem. Por isso, há apenas uma lógica que governa tanto o comportamento do todo como o de cada uma das suas partes. Há, pois, uma homogeneidade entre o todo e as partes e estas não têm existência fora da relação com a totalidade. As possíveis variações do movimento das partes não afetam o todo e são vistas como particularidades. A forma mais acabada de totalidade para a razão metonímica é a dicotomia, porque combina, do modo mais elegante, a simetria com a hierarquia. A simetria entre as partes é sempre uma relação horizontal que oculta uma relação vertical".

2 Sobre a história de vida da autora, ver o livro *Cinderela negra: a saga de Carolina Maria de Jesus* de José Carlos S. B Meihy e Robert M. Levine (1994).

nenhum, escritor nenhum poderia escrever melhor aquela história – a visão de *dentro* da favela", afirmou Audálio (2014).

Em sua segunda reportagem, publicada em 20 de julho de 1959, sobre os encardidos manuscritos de Carolina, Audálio escreve: "o 'diário' de Carolina é reportagem autêntica, *retrato sem retoques*. Carolina Maria de Jesus faz reportagem diária sobre a favela. Reportagem vivida e sofrida" (DANTAS, 1959, p. 92 *apud* PERPÉTUA, 2014, p. 57, *grifo nosso*). A autenticidade da "escritora-repórter" estaria relacionada com a sua escrita do diário, sua autenticidade consistia em ser uma favelada escrevendo sobre a favela. Nesta perspectiva, Audálio projetou, como analisou Elzira Perpétua, uma autenticidade na figura de Carolina, a qual "autenticaria a realidade de misérias até então apresentada aos leitores apenas com a intermediação de um jornalista fora dessa realidade. Credita-se, pois, à escrita de Carolina um valor mimético incomparável ao de outro cronista" (PERPÉTUA, 2014, p. 57). Carolina, para Audálio e os que concordam com ele, não faz literatura, mas somente reportagem, denúncia, escreve um "retrato sem retoques", sem sofisticação, por isso, muitas vezes, enfatizou-se que ela estudou apenas dois anos na escola, como se não tivesse sido autodidata ao longo de sua vida. Audálio, com a editoração de *Quarto de despejo* [1960], como evidenciou Elzira Perpétua, buscou engendrar uma imagem monovalente de Carolina, tendo em vista que seu objetivo foi o de "enfatizar o valor sociológico do texto para que seja lido como um testemunho real da miséria, escrito por quem a viveu, pessoa da classe desprotegida da sociedade" (PERPÉTUA, 2014, p. 72). Carolina, então, a partir de seu editor, ganhou uma voz de protesto, da coletividade, "dos favelados"[3], dos seres humanos que passam fome; por outro lado, eclipsada foi *sua* voz.

É a voz de Carolina, porém, que pretendemos ouvir. Por isso, não assumiremos os seus epítetos genéricos como dados inertes, embora eles sejam fundamentais para compreendermos a sua realidade enquanto ser humano situado no mundo, pois, como foi dito, segundo Simone de Beauvoir, o ser humano não é um "corpo nu", mas um "corpo vivido". Contudo, ainda que as categorias de "favelada", "negra" e "mulher" possam ser generalizadas, a experiência vivida de Carolina, não. Sua realidade foi singular e situada. Ainda que diferentes pessoas estivessem em situação de moradores em favela como Carolina, as formas como elas se relacionavam com esta realidade não foram idênticas. A escritora brasileira, sistematicamente, expressa isso em *Quarto de despejo*, demonstrando que o "ser favelado" não é uma realidade dada no mundo, mas construída pelos próprios seres hu-

3 Com a ênfase genérica nos "favelados", no sentido masculino, esqueceu-se, muitas vezes, das dificuldades de Carolina, enquanto mulher, mãe solo de três crianças em uma sociedade que ainda defende valores patriarcais, os quais invadem não somente as salas de visitas (cidade urbanizada), mas também os quartos de despejos (favela na cidade).

manos; a exemplo disso, ela relatava aos seus filhos[4] tanto a sua infância em Sacramento, apresentando a eles uma realidade diferente da que eles vivenciavam, quanto a origem de Canindé, expondo, assim, explicações humanas e causais para o fenômeno social e político da existência dos "farrapos humanos", das despejadas e dos "despejados", das faveladas e dos "favelados". Por essa razão, em nossa análise, à diferença de Rufino dos Santos (2009, p. 45), não pressuporemos um "modo de ser" da "favelada que não é favelada", porque compreendemos que uma pergunta anterior deve ser colocada e problematizada: o que significa ser favelada e favelado? Embora importante, respondê-la, neste momento, não é nosso objetivo. Não buscaremos compará-la com as experiências vividas de outras pessoas, uma vez que ela não foi, como sugeriu Rufino dos Santos (2009, p. 111), um "Gabriel [Joaquim dos Santos] de saia mais o bovarismo". A pergunta que nos propomos fazer aqui é "como Carolina experienciou o mundo?" Somente a partir de tal questão será possível descobrir quem foi Carolina.

Carolina foi Carolina, uma pessoa que buscou fundar-se no mundo, que não pôde reduzir-se a um átomo nem diluir-se ao infinito. Antes de tudo, compreendemo-na como um ser humano que foi não somente uma vítima da desigualdade social do Brasil, mas também um sujeito singular que situou-se no mundo. É tirando, pois, o véu que a tornou uma espécie de ídolo, e revestindo-a com significação humana, que esperamos que a nós ela se revele. A resposta à pergunta: quem foi Carolina Maria de Jesus? sempre será uma resposta parcial, tendo em vista que, assim como o mundo, o ser humano é uma totalidade destotalizada. Sempre enxergamos o outro em perspectiva, bem como a nós mesmos. A escritora brasileira, diante de toda a sua trajetória após a publicação de *Quarto de despejo*, buscou-nos narrar a sua história em sua autobiografia *Diário de Bitita*. Nele, Carolina fala de Carolina sem intermediações; apresenta-nos uma chave para compreendê-la, para olharmo-na não somente como a favelada, a ex-favelada, mas também como Bitita tornou-se Carolina. Contudo, ao analisarmos uma obra autobiográfica, levamos em consideração que em toda autobiografia há uma "ilusão biográfica", em concordância com Pierre Bourdieu[5], pois "o

4 Sobre esses relatos de sua infância e origem da favela Canindé, existem textos escritos por sua filha Vera Eunice e por seu filho José Carlos em *Cinderela negra: a saga de Carolina Maria de Jesus*, organizado por José Carlos S. B. Meihy e Robert M. Levine (1994).

5 De acordo com Pierre Bourdieu (2006. p. 184), "o relato autobiográfico se baseia sempre, ou pelo menos em parte, na preocupação de dar sentido, de tornar razoável, de extrair uma lógica ao mesmo tempo retrospectiva e prospectiva, uma consistência e uma constância, estabelecendo relações inteligíveis, como a do efeito à causa eficiente ou final, entre os estados sucessivos, assim construídos em etapas de um desenvolvimento necessário. E é provável que esse ganho de coerência e de necessidade esteja na origem do interesse, variável segundo a posição e a trajetória, que os investigados têm pelo empreendimento biográfico. Essa propensão a tornar-se o ideólogo de sua própria vida".

próprio (re)escrever a vida já é uma releitura e, assim, sendo passível de novas versões", como mencionou Alessandra Querido (2012, p. 882). Em vista disso, não perscrutamos captar o "eu" de Carolina, mas desvelar a sua obra que se tornou o ser de sua existência. Para isso, retornaremos à infância de Carolina, da época em que se chamava Bitita, para compreendermos como ela, possivelmente, tornou-se Carolina Maria de Jesus.

"Um dia perguntei a minha mãe: mamãe, sou gente ou bicho? Você é gente, minha filha! O que é ser gente? A minha mãe não me respondeu" (DE JESUS, 2007, p. 10). Bitita, embora tenha sofrido pela precariedade da vida, foi uma criança curiosa, como é próprio da criança. A espontaneidade de como ela se relacionava com o mundo revela o seu "privilégio metafísico", o de entender o mundo como dado, como estático e "cheio de si". Para ela, magicamente, tudo ainda é possível, até mesmo as estrelas poderiam falar. O mundo para Bitita "consistia em comer, crescer e brincar. [Ela] pensava: o mundo é gostoso para viver nele. Eu nunca hei de morrer para não deixar o mundo. O mundo há de ser sempre meu. Se eu morrer, não vou ver o sol, não vou ver a lua, nem as estrelas" (DE JESUS, 2007, p. 17). Há em Bitita um desejo profundo pela vida, desejo esse que, apesar das amarguras, acompanhará Carolina, ainda que de forma melancólica. Bitita, contudo, conheceu a morte desde cedo, porque a morte habitava em seu cotidiano, mas não uma morte neutra. Ela tinha cor: só as negras e os negros, naquela situação, morriam, quer fosse pela violência dos policiais quer fosse pela falta de materiais básicos para a manutenção da vida. A morte, em sua autobiografia, também foi protagonista. Até de amor ela viu gente morrer. Porém, não entendia, completamente, como ocorria esse fenômeno; para ela, "as pessoas morriam por vontade própria. Quando via um homem morto, revoltava-[se]" (DE JESUS, 2007, p. 136). Por outro lado, quando compreendeu a violência do ser humano, que nem sempre se morre, mas que, às vezes, se é morto, desejou não crescer, porque "os grandes têm coragem de enfiar uma faca no outro" (DE JESUS, 2007, p. 130). Ela não tinha medo só do morrer, odiava também a morte. E, assim, compreendeu que o ser humano é mortal.

Quanto mais compreendia o mundo dos grandes, menos gostava do mundo deles. Um dia perguntou a sua mãe "a senhora quer me pôr de volta onde eu estava?", esta explicou que "para sair deste mundo era preciso morrer". "Ah! de morrer eu tenho medo" (DE JESUS, 2007, p. 109), respondeu Bitita. Sair do mundo, então, tornou impossível, o único caminho era nele continuar. Porém, ela começava a compreender a condição humana, afirmando "ah! comigo o mundo vai modificar-se. Não gosto do mundo como ele é" (DE JESUS, 2007, p. 129). Deste modo, podemos perceber que a escritora brasileira possui uma concepção semelhante, neste aspecto, da compreensão de ser humano de Simone de Beauvoir, na medida em que não é possível sair do mundo, mas nele fundar-se, por meio de projetos engajando-se, situando-se. "O mundo comigo vai modificar-se" significa que Carolina entendia o mundo não como uma totalidade totalizada, mas destotalizada; e, por esse motivo, havia a possibilidade de "modificá-lo". Ao afirmar que, "para sair deste mundo era preciso morrer", ela aceita, em certa medida, a condição ambígua do ser humano, em que para assumir a vida faz-se necessário aceitar a morte, porque a vida traz a morte em seu cerne. A morte, todavia, não é a protagonista da existência, mas a vida; para fazer-se existência assume-se a vida que traz a morte, e não a morte que traz a vida, posto que, enquanto existência o ser humano projeta vida, não morte.

Ao continuar a observar o mundo dos grandes, Bitita começou a entender os seus valores: em um momento, desejou tornar-se homem; em outro, tornar-se mulher branca. Para ela, a desigualdade social entre homens e mulheres foi mais "evidente" do que entre brancos e negros, tendo em vista que, antes de querer tornar-se branca, ela quis tornar-se homem. A sua primeira tentativa de transformar-se em homem foi quando viu um homem cortar uma árvore. "Fiquei com inveja e decidi ser homem para ter força. Fui procurar minha mãe e supliquei-lhe: mamãe quero virar homem. Não gosto de ser mulher! Vamos, mamãe! Faça eu virar homem!" (DE JESUS, 2007, p. 11), obtendo como resposta de sua mãe: "vá deitar-se. Amanhã, quando despertar, você já virou homem" (DE JESUS, 2007, p. 11). Ela deitou-se e adormeceu. Quando despertou, foi procurar a mãe e lamentou: "eu não virei homem! A senhora me enganou" (DE JESUS, 2007, p. 11). Contudo, ela não desistiu. Queria transformar-se em homem. Sua mãe então disse-lhe "quando você vir o arco-íris, você passa por debaixo dele que você vira homem" (DE JESUS, 2007, p. 12). Bitita, assim, aguardou dias. Uma noite choveu, ela foi ver se o tal do arco-íris surgia. Sua mãe, sem entender, perguntou-lhe o que procurava no céu. Ela respondeu: "o arco-íris, mamãe". "O arco-íris não sai à noite. (...) por que é que você quer virar homem?" (DE JESUS, 2007, p. 12), questionou sua mãe. "Quero ter a força que tem o homem. (...) Quero ter a coragem que tem o homem. Ele anda nas matas e não tem medo de cobras. O homem que trabalha ganha mais dinheiro do que uma mulher; fica rico e pode comprar uma casa bonita para morar" (DE JESUS, 2007, p. 13). Incansavelmente, ela continuou a desejar transformar-se. Pediu, então, para São Benedito. Nada funcionava. Ela percebeu, assim, que "deveria ser sempre mulher". Com a metáfora do arco-íris, a escritora equivale o desejo de Bitita de metamorfosear-se em homem à cruel consciência de que ele é inalcançável, como mencionou Antônio Gonçalves (2014, p. 39).

Bitita "sabia que era negra por causa dos meninos brancos" (DE JESUS, 2007, p. 111), quando a xingavam, diziam: "sua negrinha!". Ela queria ser branca, porque bonitas eram elas; poderiam até usar meias, sem ninguém perguntar-lhes: "está doente?". "Só as mulheres ricas é que podiam usar meias. Era chique" (DE JESUS, 2007, p. 115). Frequentemente, as mulheres ricas eram brancas. Seu desejo por transformar-se em mulher branca foi tão real que acabou aceitando como forma de pagamento por um serviço doméstico seu, remédios "para ficar branca com cabelo corrido", bem como uma cirurgia para "afilar seu nariz" (DE JESUS, 2007, p. 164). Enquanto trabalhava para a fazendeira dona Maria Cândida, pensava: "então estes homens que trabalham aqui já foram pretos, e a fazendeira fez deles brancos! E quando eu ficar com cabelos corridos e o nariz afilado, quero ir a Sacramento para meus parentes me verem. Será que eu vou ficar bonita?" (DE JESUS, 2007, p. 164-65). Seis meses se passaram. Nada de dona Maria Cândida cumprir sua promessa. Bitita, que recusava ainda seu nome Carolina, percebeu que fora enganada. Chorou! Quis protestar, mas sua mãe afirmou que "o protesto ainda não estava a dispor dos pretos" (DE JESUS, 2007, p. 165). "Olhei minhas mãos negras, acariciei meu nariz chato e meu cabelo pixaim, e decidi ficar como nasci" (DE JESUS, 2007, p. 165). À vista disso, podemos perceber que a dimensão desse desejo metamórfico de se tornar branca é diferente do de se tornar homem, na medida em que ele está relacionado com o olhar do outro; Bitita queria ser branca, porque ser branca significava, para ela, ser bonita; enquanto que ser homem significava poder trabalhar, construir uma casa, modificar o mundo. Contudo, esses dois desejos metamórficos de Bitita são fundamentais para compreendermos o seu processo de aceitação de si mesma no mundo. Desejou se transformar tanto em homem quanto em mulher branca, mas não conseguiu. Descobriu que esses desejos eram irrealizáveis, e essa descoberta seria crucial para a assunção de si mesma enquanto ser humano concreto. A superação desses desejos de Bitita é, em certa medida, o surgimento de Carolina.

Bitita desejou sair do mundo, mas tinha medo de morrer; quis não crescer, mas crescia; tentou se tornar homem, se tornar mulher branca, mas isso se revelou impossível. Seus desejos metamórficos continuavam. Ela também desejou se transformar em uma "ave qualquer, mesmo que fosse o urubu, e voar todos os sábados para fugir daquele ambiente que não [lhe] agradava em nada" (DE JESUS, 2007, p. 118). Sábado, o dia do baile! Bitita odiava-o. Seu desejo de metamorfosear-se em ave indica-nos seu desejo pela liberdade, de transcender aquela realidade. De todos os desejos metamórficos de Bitita, pelo menos um acompanhará Carolina: o de transformar-se em ave, o de ser liberdade, de ser transcendência. Ao se revelar impossível alguns de seus desejos, tais como sair do mundo, tornar-se homem, tornar-se mulher, Bitita compreende que para modificar o mundo, ela deve primeiro aceitar-se como surgiu nele. Não ser homem, não ser mulher branca, não faz dela menos ser humano, ainda que ser mulher branca e homem implique em mais oportunidades concretas para a realização de si. A Bitita, contudo, é possível a realização de sua condição ontológica de ser humano, o qual se tornará, posteriormente, o desejo autêntico, por excelência, de Carolina.

"Está ouvindo-me, dona Carolina Maria de Jesus?! Fiquei furiosa e respondi com insolência: o meu nome é Bitita. O teu nome é Carolina Maria de Jesus. Era a primeira vez que eu ouvia alguém pronunciar meu nome" (DE JESUS, 2007, p. 151). Bitita, então, escuta, na escola[6], pela primeira vez o seu nome, o qual foi dito por sua professora dona Lonita Solvina. Este episódio será simbólico na vida da autora, porque será o nome "Carolina Maria de Jesus" e não "Bitita" que estará na capa de seus livros publicados. Foi na escola, lugar onde aprendeu a ler, que Bitita começou a se chamar Carolina. A Carolina que fará da leitura, bem como da escrita, seu modo de existir no mundo. Foi também por intermédio de sua ida à escola que ela deixou de mamar. "Quando cheguei em casa, tive nojo de mamar. É que minha professora soube me convencer de que eu deveria deixar de mamar. Compreendi que eu ainda mamava[7] porque era ingênua, e a escola esclareceu-me um pouco" (DE JESUS, 2007, p. 151-52). A escola, portanto, a deixou menos "ingênua", demonstrando, assim, que a escritora vê na escola uma espécie de ritual de passagem que marcou sua vida, apesar de ter estudado, formalmente, apenas dois anos.

Quando aprendeu a ler, Bitita lia tudo o que podia. Para ela, "o livro enriquece o espírito. Uma vizinha emprestou-[lhe] um livro, o romance *A escrava Isaura*. [Ela], que já estava farta de ouvir em falar na nefasta escravidão, decidiu que deveria ler tudo sobre o que mencionasse como foi a escravidão" (DE JESUS, 2007, p. 154). Assim, descobriu, existencialmente, o poder da leitura no mundo; sentiu a necessidade de conhecer a própria história; compreendeu que a alfabetização de indivíduos era fundamental para comunicar-se com os outros no mundo. Contudo, a educação era um privilégio dos brancos: "o filho de pobre, quando nascia, já estava destinado a trabalhar na enxada. Os filhos do rico eram criados nos colégios internos" (DE JESUS, 2007, p. 49). Bitita, quase no final do segundo ano escolar, teve que abandonar a escola, porque sua mãe arranjara um trabalho na fazenda Lajeado cujo proprietário era o senhor Olímpio Rodrigues de Araújo (DE JESUS, 2007, p. 157). Ela, todavia, continuava a ler. Com um tempo, aprendeu a apreciar a vida no campo. O sábado já não era sinônimo de baile. Mas o período nessa vivência idílica, durou pouco, porque nas "fazendas só o fazendeiro é quem tem o direito de ganhar dinheiro" (DE JESUS, 2007, p.

6 Carolina estudou no Colégio Allan Kardec fundado por Eurípedes Barsanulfo, por intermédio de dona Maria Leite.

7 De acordo com de Simone de Beauvoir (SS, p. 363), é com o desmame que a criança "começa a afirmar a sua identidade".

166). Foi por muito sofrer nelas que ela escreveu sua poesia "O colono e o fazendeiro" (DE JESUS, 2007, p. 171).

Surgem-lhe as malditas feridas nas pernas! Durante o seu percurso na busca de tratamento para curá-las, a jovem Carolina conheceu não somente o abandono original[8], mas também o desamparo. Ela "tinha a impressão de estar sozinha sem Deus" (DE JESUS, 2007, p. 203). Cansada de "viver às margens da vida" (DE JESUS, 2007, p. 184), sentiu a totalidade de sua existência em face à totalidade do mundo. Apercebeu-se de sua própria existência na Terra. O mundo já não era-lhe uma alteridade, o "mundo dos grandes", ela estava *nele*, e a forma como ela se relacionaria com ele, só dela dependeria[9]. Decidiu: "não hei de ficar sempre assim, classificada como um farrapo humano" (DE JESUS, 2007, p. 186). Buscou apelo aos outros, aos seus parentes, mas eles olhavam-na "com cara de nojo", e isso a "feria profundamente" (DE JESUS, 2007, p. 204). Com esta experiência, ela compreendeu que a sua vida era responsabilidade sua. Apesar de sua interpelação aos seus parentes não ser respondida, ela não desistiu de apelar aos outros desconhecidos, porque o mundo, para ela, "é coletivo. É uns precisando dos outros" (DE JESUS, 2007, p. 211); mas isso não resulta que a responsabilidade por si seja dos outros. Ela sabia disso. Queria ser "alguém", porque tinha sensação que era ninguém. Aconselhavam-na a casar, mas o casamento, em sua concepção, é "uma redoma na vida de uma mulher" (DE JESUS, 2007, p. 213). Assim, defendia que "para ser alguém era necessário empregar seu tempo exercendo qualquer profissão" (DE JESUS, 2007, p. 213).

Por meio desse episódio, Bitita tornou-se Carolina, "era o início de [sua] vida e o destino estava apresentando-[lhe] as pessoas desumanas que transitam no mundo" (DE JESUS, 2007, p. 206). A criança que dizia "ah! comigo o mundo vai modificar-se", cresceu; começou a entender que para modificar o mundo, era necessário ser "alguém", fazer-se existir concretamente nele, em outras palavras, fazer-se existência. Nesta situação, Carolina não desejou ser homem nem mulher branca, desejou curar-se, porque só curando-lhe o corpo que ela poderia "viver com o próprio esforço" (DE JESUS, 2007, p. 207). A partir disso, ela reconheceu, vivencialmente, mesmo sem conhecer filosoficamente o conceito de Simone de Beauvoir de ambi-

8 A criança surge no meio do Todo, não reconhece no mundo uma alteridade, busca sempre uma justificação para si a partir de outrem. O abandono original, de acordo com Simone de Beauvoir (SS, p. 362) surge quando a criança percebe o seu rompimento com esse Todo que ela não distinguia de si mesma. Por meio desse rompimento, ela precisa se reconhecer como um ser individual, o que gera, muitas vezes, angústia.

9 Em concordância com Simone de Beauvoir (PMA, p. 39), é a adolescência que aparece como o momento da escolha moral: então sua liberdade se revela e é preciso decidir sobre sua atitude em relação a ela. Por sua vez, é nela também que ocorre o drama da escolha original, o qual se operará instante a instante pela vida inteira.

guidade original, a de que nós somos, simultaneamente, facticidade e liberdade, ou em sua linguagem, corpo e espírito. Compreendemos que o corpo, para Carolina, se evidenciou como condição de possibilidade para fazer-se existência, por isso, como afirmou Simone de Beauvoir, ele "não é um fato bruto, ele exprime a nossa relação com o mundo" (PMA, p. 40). O corpo é também situação, é por meio dele que o ser humano se funda, se enraíza e se engaja no mundo.

Diante disso, podemos afirmar que Bitita torna-se Carolina quando ela compreende que é responsável por si mesma no mundo. Esse seu "tornar-se" não implica uma ruptura com "Bitita", e sim uma transcendência. Nessa transcendência há, dialeticamente, conservação e superação. Seus desejos de metamorfosear-se em homem e mulher branca são transcendidos pelo desejo de "ser alguém", o qual podemos identificá-lo com a sua vontade de fazer-se existência. Seu desejo metamórfico de ser ave será revestido pelo seu desejo de liberdade. Ela não queria apenas sobreviver, não desejava apenas saciar suas necessidades fisiológicas, desejava mais, desejava a liberdade concreta de fazer-se existir no mundo. Ela negou-se a pedir esmolas, negou a casar-se, não por acaso, mas porque ela tinha um projeto para si, ainda que suas oportunidades concretas fossem poucas. Seu estado contínuo foi o de luta. Ao escrever sua autobiografia, ela tinha um objetivo: o de engendrar uma imagem de si mesma, posto que há na escrita de si uma "espécie de autopoiesis", como escreveu Antonio Gonçalves (2014, p. 22), ao citar Varela Maturana. Nesta obra, ela traz uma revelação, a de que ela estava *destinada* a ser poetisa[10], que na hipótese de Germana Souza (2011, p. 89), foi uma tentativa de ela dizer que era dona da própria história "e de recusar, por meio disso, ter sido um objeto nas mãos dos editores. Longe de se identificar com o jogo do mercado, que entra em ação por trás de todo grande lançamento da esfera cultural, Carolina queria confirmar sua independência". Ou, no vocabulário beauvoiriano, queria realizar uma *justificação singular* para si.

10 Apesar de ser uma atitude com o conteúdo inautêntico, na medida em que ela coloca no "destino" a justificação para sua escrita, essa foi a única forma que ela encontrou de justificar para si mesma e para os outros, que ela foi a responsável pela escrita de sua obra, tentando, por sua vez, livrar-se da heteronomia que queriam lhe impor.

A Ausência da Cor Roxa Expressada por Carolina

Nem homem, nem mulher branca, mas Carolina, uma mulher negra que viveu às margens da vida como uma "feiticeira", uma "macumbeira", por fazer da leitura e da escrita a sua maneira de existir no mundo. Em sua autobiografia, Carolina não trouxera somente a revelação que estava destinada a ser poetisa, mas também a situação em que foi lançada no mundo. "Eu não entrei no mundo pela sala de visitas. Entrei pelo *quintal*" (DE JESUS, 2007, p. 244, *grifo nosso*). Ao escrever que entrou no mundo pelo "quintal", Carolina coloca em entrelinhas que não entrou pelo "quarto de despejo", que não entrou no mundo como favelada. Ao tornar-se a "favelada escritora", a dimensão existencial de sua vida foi "suspendida". Em sua investigação, Elzira Perpétua mostra, a partir da análise do paratexto, do epitexto e do texto de *Quarto de despejo* tanto da edição brasileira quanto das traduções realizadas, que criaram uma imagem que, "desconsiderando quase completamente a narrativa de Carolina como manifestação individual, erige a autora à condição de uma síntese da miséria de um país, às vezes de um continente, e símbolo da injustiça universal em relação aos pobres" (PERPÉTUA, 2014, p. 133). Assim, os editores, tradutores e intérpretes de *Quarto de despejo*, em sua maioria, privilegiaram uma leitura sociológica do livro, eclipsando, por sua vez, a voz da intimidade, da individualidade, da singularidade de Carolina Maria de Jesus. Contudo, a partir da filosofia de Simone de Beauvoir, compreendemos que as dimensões social e individual da existência humana não são contraditórias, mas, pelo contrário, complementares, na medida em que o ser humano é uma totalidade destotalizada, o que significa dizer que não pode ser reduzido a um aspecto somente de sua existência.

Ao compararmos o texto publicado com alguns manuscritos de Carolina[1], percebemos que o editor manipulou o texto, direcionando o leitor e a leitora a uma imagem de uma Carolina coerente com o que ele compreendia que Carolina deveria ser, isto é, um sujeito passivo, uma vítima social, um produto e não produtora da própria existência. Por isso, como afirmou Elzira Perpétua (2014, p. 261), ao lermos o diário publicado, "não captamos a imagem que Carolina produziu de si mesma nos manuscritos: complexa, multifacetada, proteiforme e até contraditória". O escrito da escritora brasi-

1 Os manuscritos foram publicados no livro *Meu estranho diário* (1996a), editado por José Carlos Meihy e Robert Levine.

leira, no que diz respeito às supressões, foi modificado "não só em relação a repetição dos atos cotidianos, mas sobretudo no que concerne às *reflexões da vida*" (PERPÉTUA, 2014, p. 152, *grifo nosso*); no que se refere às substituições, "o editor elimina o que se possa haver de suposta *erudição* ou mesmo de escorreito na linguagem de Carolina quando substitui suas supressões por termos mais populares" (PERPÉTUA, 2014, p. 155, *grifo nosso*). Com isso, em concordância com Elzira Perpétua (2014, p. 156), é possível afirmar que houve, por parte do editor, uma busca pela "adequação da imagem de Carolina à sua condição social"; a "intenção de tornar a linguagem de Carolina mais popular" (PERPÉTUA, 2014, p. 156); a "construção de um estereótipo de uma personagem do povo" (PERPÉTUA, 2014, p. 156); a criação de uma figura feminina otimista, dócil, sensível e manipulável. Sem esquecer que Carolina o "acusou de ter tentado alterar sua prosa, tanto no *Quarto* quanto nos textos que se seguiram. Repetia que todas as suas '*frases bonitas*' foram cortadas" (MEIHY; LEVINE, 1994, p. 30). Todavia, apesar dos esforços do editor, a existência ambígua de Carolina ainda se fez presente, posto que existem diversas variáveis, ao longo do texto, que foram visivelmente negligenciadas, em alguns casos, pelas e pelos intérpretes. Exemplo disso foi o esquecimento da cor roxa que se encontra não somente nos manuscritos, mas também no texto publicado.

Nos prefácios de *Quarto de despejo* escritos por Audálio Dantas, ele enfatiza a cor "amarela", a cor da fome. Em seu artigo "Autobiografia e autorretrato: cores e dores de Carolina Maria de Jesus e Frida Kahlo", Alessandra Querido sublinha a paleta de cores de Carolina, as quais seriam "amarelo", "preto" e "branco", sendo a primeira "associada à fome, à apatia e ao medo" (QUERIDO, 2012, p. 892), a segunda e a terceira, derivadas do "conflito racial" (QUERIDO, 2012, p. 892), em que esta simboliza o que seria bom e a aquela, o que seria ruim, revelando, por sua vez, certas atitudes racistas de Carolina. Mas uma cor, como dissemos, foi esquecida, ou até mesmo eclipsada, isto é, a cor roxa, a cor da "angústia", a de um "sofrimento metafísico", pois Carolina indica por meio da dessa cor uma tristeza da "alma", uma agonia do coração: "para dissipar a tristeza que estava *arroxeando* a minha alma, eu fui falar com o cigano" (DE JESUS, 2014, p. 154, *grifo nosso*); "cor *roxa*. Cor da *amargura* que envolve os corações dos favelados" (DE JESUS, 2019, p. 34, *grifos nossos*). Em alguns momentos, ela evidencia a sua tristeza da "alma": "Hoje o sol não saiu. O dia está triste igual minha alma" (DE JESUS, 2019, p. 89); "parece que trocaram as peças do meu corpo. Só a minha alma está triste" (DE JESUS, 2019, p. 115). E ainda, em algumas passagens, ela descreve a coexistência da dor física com o sofrimento do espírito: "a minha enfermidade é física e moral" (DE JESUS, 2019, p. 91); "com as agruras da vida somos uns infelizes perambulando aqui neste mundo. Sentindo frio *interior* e *exterior*" (DE JESUS, 2019, p. 179, *grifos nossos*).

Mas por quê? Por que, especificamente, a cor do sofrimento existencial de Carolina fora ocultada? Seria uma contradição uma moradora da favela sentir a totalidade de sua existência? Seria contraditório sentir a dor estomacal *e* o sofrimento existencial? Carolina revelou-nos que não; o sofrimento existencial é próprio do *ser humano*, e não de *alguns* humanos. Se Carolina diferenciou por meio das cores amarela e roxa as suas dores distintas, foi porque ela vivenciou a dor da fome, bem como o sofrimento da existência. A sua angústia foi tão real quanto a sua fome. E no momento em que ela realiza essa distinção, ela evidencia-nos que não podemos reduzir o seu sofrimento nem a uma e nem a outra, mas reconhecer a existência de ambas, as quais não são contraditórias e nem hierárquicas: diferentes. Porém, somente uma, frequentemente, fora reconhecida, a sua dor estomacal, limitando-a, assim, ao seu sofrimento físico. Disso, ela sabia, como bem escreveu em um verso: "desconhecem minha agonia" (DE JESUS, 1996b, p. 205).

A Carolina o único sofrimento "legitimado" foi o da fome, mas não podemos esquecer que Carolina é mulher, e se torna "um escândalo odioso uma existência autônoma encerrada numa carne de mulher, a carne feminina é detestável a partir do momento em que uma consciência a habita. O que convém à mulher é ser puramente carne" (SS, p. 283). Logo, sua angústia foi-lhe proibida, primeiro, por ser uma mulher negra em que a ação concreta e positiva deveria ser negada; segundo, porque não seria coerente com a sua "condição social" sentir a totalidade de sua existência, de acordo com as pretensões ideológicas do editor. Por meio das cores amarela e roxa, Carolina revela-nos a sua assunção da existência, da ambiguidade original, a qual consiste em ser tanto facticidade quanto liberdade, tendo em vista que o seu sofrimento não reduzia-se a sentir fome, em razão de que ela se reconheceu livre e, ao mesmo tempo, percebia os limites de sua liberdade concreta, sentindo, assim, a angústia. Por isso, no decurso de sua narrativa do amargo cotidiano em que vivia, ela escreve, quase sempre, sobre o comportamento de outras mulheres que na favela habitavam, não somente com o objetivo de relatar as atitudes do outro, mas também de afirmar, a partir da alteridade, o que não *escolheu* fazer com sua vida; por exemplo, quando descreve que parou numa banca de jornais e leu uma notícia na qual "uma senhora e três filhos havia se suicidado por encontrar dificuldade de viver" (DE JESUS, 2014, p. 62), ela indica, por meio disso, que escolheu não suicidar-se, pelo fato de que a descrição tanto da situação precária de vida quanto da família da mulher que se suicidou possui uma semelhança com a situação de Carolina e sua família.

A ambiguidade da existência humana, como demonstrou Simone de Beauvoir, não foi, frequentemente, assumida ao longo da história, na medida em que buscaram reduzir a realidade humana ora à matéria ora ao espírito, em vista de um princípio de unicidade. Deste modo, não foi por acaso que a cor roxa fora eclipsada ou não vista, uma vez que se tentou, na maioria das vezes, limitar a vida de Carolina ao seu aspecto objetivo e material. Porém, como vimos, não é possível pensar o objetivo dicotomizado com o subjetivo, dado que existe uma dialética entre a subjetividade e a objetividade da existência humana. A subjetividade surge por meio do projeto concreto da existência se apresentando de forma objetiva no mundo. Ao elaborar a descrição da favela em seu diário, Carolina não está realizando apenas denúncia da miséria humana, mas também expressando a sua própria subjetividade, porque, ao escrevê-lo, ela está desvelando a realidade em que habita, significando o que ela compreende por favela. Em outras palavras, ela está realizando a conversão de sua liberdade ontológica em liberdade concreta, por meio de uma ação transcendente de autoexpressão.

Diante disso, podemos afirmar que Carolina buscou justificar a própria vida, fazendo-se existência através de sua ação de escrever. O seu escrever, portanto, não foi apenas uma atividade, mas a sua maneira de fazer-se existência no mundo[2]. Pelo escrever, ela realiza a afirmação da vida, de seu ser-no-mundo. Sua situação, porém, não é de "renunciante", porque o seu escrever não é "um modo de renunciar ao mundo", de "estar-fora-do-mundo", como interpretou Antonio Gonçalves (2014, p. 35), mas de assumi-lo, na medida em que, no seu ato de escrever, ela pressupõe a sua existência no mundo. O seu "distanciamento" do mundo pela escrita é realizado não com objetivo de distanciar-se dele, mas de senti-lo, de contemplá-lo, de pensá-lo, de recriá-lo com novas significações, uma vez que, como vimos, não é possível "evadir-se do mundo".

A ou o artista, a escritora ou o escritor, segundo Simone de Beauvoir, se esforçam para realizar o movimento da existência; "tentam realizá-la como um absoluto. O que faz a autenticidade de seu esforço é que eles não se propõem atingir o ser" (PMA, p. 60). Assim, por meio de sua obra escrita, Carolina converte a sua falta de ser em forma positiva, expressa o ser de sua existência. Por outro lado, ela não lutou somente para tornar-se existência, mas, antes de tudo, para sobreviver. Sua atividade de catadora de papéis, entretanto, não foi uma *ação*[3], mas uma *reação*, uma *manifestação* da vida, tendo em vista que esta atividade é imanente, pela razão de que ela não justifica a vida, somente a mantém. Carolina não encontrou o sentido da vida catando papéis, embora reconhecesse que essa atividade era neces-

2 No que diz respeito à relação entre o escrever e a existência na obra de Carolina, em seu artigo "Um mundo feito de papel: sofrimento e estetização da Vida (Os diários de Carolina de Jesus)", Antonio Gonçalves (2014, p. 29) realizou uma análise antropológica de *Quarto de despejo* com ênfase em seu conceito *grafo*, isto é, o modo como alguém dá forma à sua vida. De acordo com ele, Carolina constrói sua pessoa pela escrita, em que pela autobiografia nomeia seu sofrer, sendo este a condição de *grafo*. Assim, "o sentido de *grafo* sintetiza bem o escrever de Carolina: não é propriamente escrita ou letra, mas a força mesma de um *traço* que produz sua inscrição no mundo". "Seu escrever é o eterno conhecer pelo sofrimento" (GONÇALVES, 2014, p. 40).

3 Sobre o conceito de ação em Simone de Beauvoir, ver capítulo 2.

sária para a sua sobrevivência, mas escrevendo, dado que foi pelo escrever que ela fundou-se, engajou-se e situou-se no mundo. Ainda que ela estivesse em situação de moradora em favela, a forma como escolheu relacionar-se com a favela foi singular e original. Apesar de reconhecer-se como livre, os limites de sua liberdade concreta eram muitos, destarte, tanto a fome quanto a angústia foram fontes vitais para o seu expressar-se no mundo.

Carolina, então, *torna* o seu sofrimento vital. No seio de uma situação de precariedade da vida, ela se empenha em tornar-se existente. "Produtora, ativa, ela reconquista sua transcendência; em seus projetos afirmar-se concretamente como sujeito, pela sua relação com o fim a que visa, (...) põe à prova sua responsabilidade" (SS, p. 799), como afirmou Simone de Beauvoir, ao escrever sobre a mulher independente. Carolina não perdeu o desejo de Bitita de voar, de transcender sua realidade, de projetar-se sempre. Assumiu-se como falta de ser, porque reconheceu que não era um "ser", mas uma abertura ao futuro, porque, para ela, "nasce sem ideal. O ideal é a roupa da alma" (DE JESUS, 1961, p. 99). Por isso, a sua ação de escrever não se resumia a uma busca para mudar a sua condição social. Ela não escrevia apenas para comprar uma casa de alvenaria, mas para fazer-se existência, uma vez que quando se mudou para a casa de tijolos, ela não deixou de escrever[4], pois como afirmou: "não poderei viver sem escrever" (DE JESUS, 1996a, p. 116); "não deixo de escrever porque o escrever para mim é tão essencial devido a fusão de ideias que promonam no meu cérebro" (DE JESUS, 1996a, p. 160). Carolina, então, assumiu-se como ser-para-ação, como ser-para-a-liberdade, a inquietude fez-se continuamente presente em sua vida. "Não deixo ninguém me por sela, nem frêio. *Quero ser livre igual ao sol.* O meu astro predileto, porque aquece e sinto tanto frio, por isso sou filha adotiva do sol" (DE JESUS, 1996a, p. 131), escreveu. Seu destino,

4 Em seu texto, a assistente social Marta Teresinha Godinho escreve sobre a forma de viver, na favela Canindé, de Carolina. A sua atitude em relação àquela realidade, "em comparação aos outros, era considerada *muito estranha*" (GODINHO, 1994. p. 115, *grifo* nosso). "Sua personalidade, apesar de discreta, era muito tensa" (GODINHO, 1994, p. 116). Carolina "não vivia a vida dos favelados" (GODINHO, 1994, p. 117). "Os seus filhos eram crianças distantes do universo dos outros meninos do Canindé, principalmente pela forma como ela agia. Eles não participavam muito das brincadeiras, começaram cedo a estudar. Diferente da maioria das mães, Carolina não precisava segui-los até a porta do colégio. Eles eram pequenos, mas atendiam a um pedido dela para não faltarem às aulas. Eles tinham uma certa vida própria: próximos da mãe, distantes da favela e livres no mundo" (GODINHO, 1994, p. 117). Anos depois, quando Carolina já morava em seu sítio em Parelheiros, Marta a reencontrou. Elas conversaram, e esta descreve a casa atual da escritora: "estava arrumado do jeito dela: não era que estava tudo brilhando, porque ela não se preocupava muito com os afazeres domésticos (...). Continuava escrevendo. (...) Ela continuava a escrever muitos manuscritos, e essa continuava a ser sua prioridade: o texto" (GODINHO, 1994, p. 121). Podemos perceber que Carolina, apesar de ter mudado sua situação, a sua maneira de existir no mundo permanecia. Sua prioridade nunca fora os bens materiais, embora esses sejam imprescindíveis, mas a sua escrita.

assim, foi risco e angústia, em decorrência de sua assunção da condição ontológica do ser humano, além da miséria a qual por ela não foi escolhida, mas imposta pelas circunstâncias estruturais. Por isso, ela representa uma contradição viva tanto às teorias deterministas quanto ao Brasil desenvolvimentista dos anos 1950.

Com a metáfora do sol, Carolina revela-nos duas coisas: primeiro, o seu desejo pela liberdade e autonomia; segundo, a sua obsessão pela lucidez, a qual a acompanhará em toda a sua existência. Em sua autobiografia, bem como em seus diários, essa busca incessante pela lucidez é apresentada. No mesmo episódio em que foi narrado que o seu destino era ser poetisa, encontra-se também a informação de que ela nunca haveria de beber. "O álcool é péssimo promotor" (DE JESUS, 2007, p. 85). Carolina, a partir disso, relaciona com a sua vocação de ser poetisa o estar lúcido, o de buscar a verdade em compromisso com a sua realidade. "Quando percebi que era poetisa fiquei tão triste. O dia em que o senhor *Vill* Aureli disse-me: Carolina, você é poetisa, naquêle dia eu sepultei alegria que acompanhava-me. Até aquela data meu coração trajava-se com as côres alegres. Depois passou a usar a côr roxa" (DE JESUS, 1996a, p. 84). Diante desse excerto, podemos perceber que, para ela, fazer-se poetisa implicava em uma angústia lúcida, porque perscrutar-se-á a verdade da vida. Assim, haveria, em sua concepção, uma incompatibilidade entre o fazer-se poetisa e o álcool: "quem bebe não pensa com clareza" (DE JESUS, 1996a, p. 58); "a bebida aqui é o paliativo. Nas épocas funestas e nas alegrias" (DE JESUS, 2014, p. 139). A lucidez, em sua perspectiva, era também uma escolha, por isso, ao longo da narrativa dos dramas na favela, ela descreve muitas vezes a postura de Leila, uma mulher que era alcoólatra e não tinha responsabilidade para com os seus filhos. "Eu *prefiro* empregar o meu dinheiro em livros do que no álcool" (DE JESUS, 2014, p. 74, *grifo nosso*). E ainda, ela compara o efeito do álcool com o da fome, mesmo que, em um primeiro momento, ela diga: "eu não posso descrever o efeito do alcool porque não bebo. Já bebi uma vez, em carater experimental, mas o alcool não me tonteia" (DE JESUS, 2014, p. 33), e em um outro momento: "a tontura da fome é pior do que a do alcool. A tontura do alcool nos impele a cantar. Mas a da fome nos faz tremer" (DE JESUS, 2014, p. 44). A tontura da fome, nesse sentido, não seria uma escolha do indivíduo, enquanto que a da cachaça, sim.

A sua busca pela lucidez, pois, evidencia o seu compromisso com a existência. Ao realizar a distinção entre os dois tipos de tonturas, Carolina demonstra a possibilidade de liberdade, bem como os limites da liberdade concreta, uma vez que não se escolhe passar fome, sentir o ar no estômago e amargura na boca; enquanto o álcool, para ela, seria um meio de fugir da própria realidade, de querer-se não livre. Como vimos, faz parte da condição do ser humano negar, mas não destruir, a sua própria condição de fazer-se existência, apesar de que, conforme observou Simone de Beauvoir, "aquele que busca escapar de seu destino, deixa de ser; o fato de ser um corpo e uma consciência não lhe confere nenhuma realidade" (SS, p. 282). "Um existente não é senão o que faz; o possível não supera o real, a essência não precede a existência; em sua subjetividade o ser humano não é nada. Medem-no pelos seus atos" (SS, p. 348). Ao ser humano, portanto, é possível realizar-se como existência, e por consequência, ter atitudes autênticas e inautênticas. O existente não é apenas uma possibilidade, como defendeu Martin Heidegger e Karl Jaspers, mas uma realidade concreta no mundo. Não é a sua condição de ser falta de ser que o define, mas como ele converte essa negatividade em forma positiva por meio de um projeto concreto. Assim, ele só se define, se age; só age, se faz-se liberdade concreta.

Carolina se fez liberdade concreta, buscou fazer-se existência por meio da escrita. Ela assumiu a ambiguidade ontológica do ser humano, na medida em que era catadora de papel e escritora, em razão de que "o existente é, ao mesmo tempo, imanência e transcendência" (SS, p. 345). Com a escolha pela lucidez[5], ela não buscou fugir de sua própria realidade, mas assumi-la com o objetivo de transcendê-la. Portanto, não foi uma contradição consigo mesma a sua tentativa de sair da favela, mas uma postura coerente com a sua existência, a qual sentia a necessidade de emergir além do mundo dado. Carolina, à vista disso, não limitou-se a denunciar a miséria humana, a reivindicar a dignidade humana para os seres humanos que na favela habitavam, mas realizou-se também como existência, uma vez que ao escrever sobre os dramas de seu cotidiano, já reconhecia-se como uma escritora em ato. Ela rasgou o véu que lhe impuseram, transcendeu o mito do eterno feminino, na medida em que não se casou[6], cuidou e educou[7] sozinha os seus

5 Tornar-se lúcida é fundamental quando se está em situação de mulher em precariedade da vida. Por isso, em concordância com Simone de Beauvoir, "não se iludir já é alguma coisa, porque é a partir daí que tudo começa, a mulher esgota a sua coragem dissipando miragens e detém-se no limiar da realidade" (SS, p. 911).

6 Como escreveu Elzira Perpétua (2014, p. 257), "até mesmo o motivo da recusa de Carolina em aceitar as propostas de casamento deve-se, antes de qualquer conjectura de ordem sentimental, a uma opção intencional em favor da escrita". Para Carolina, em seu tempo, era inconciliável o casamento e a escrita. A figura do homem representava-lhe um empecilho a sua própria liberdade, ao seu escrever. Por outro lado, a própria escrita era o que a conectava aos homens, uma vez que ela só se relacionava, amorosamente, com homens que sabiam ler e apreciavam a leitura. Esse conflito entre a escolha de si mesmo em vez do casamento, gerou-lhe um conflito consigo mesma, posto que na medida em que reconhecia que tinha mais liberdade com a ausência de um homem sob o seu teto, ela sentia a solidão, tinha a impressão que estava sempre só no mundo. Seus filhos foram cada um de um pai diferente, sendo todos os quatros estrangeiros (sua primeira filha faleceu). Isso causava uma certa perturbação em seus vizinhos. "Os favelados também estranhavam isso, porque ela era decente, mas vivia sozinha. No Canindé as famílias tinham pai e mãe", afirmou Dona Maria Puerta (1994, p. 113.), uma vizinha de Carolina.

7 No que concerne à educação de seus filhos, sua filha Vera Eunice e seu filho José Carlos (João José veio a falecer semanas depois da morte de sua mãe) escrevem em seus textos sobre a preocupação de Carolina com a *formação humana* deles. "Minha mãe fazia o possível para a

três filhos, vivenciando o aspecto imanente e transcendente da existência, agiu no mundo, desvelando o ser, quando a ação foi-lhe proibida. Por esse motivo, a sua narrativa não é nem fatalista nem naturalista, mas irônica com um "realismo crítico", como pontuou Alberto Moravia (*apud* PERPÉTUA, 2014, p. 126).

A escritora brasileira, embora não fosse ateia, não tinha uma fé ardente em Deus, porque Este não foi o suficiente para justificar a sua vida, fazendo com que ela buscasse razões próprias para viver. O suicídio não era uma opção sua. "Quero ver como é que vou morrer. Ninguém deve alimentar a ideia de suicídio. Mas hoje em dia os que vivem até chegar a hora da morte, é um heroi. Porque quem não é forte desanima" (DE JESUS, 2014, p. 61); "eu não tenho coragem de suicidar-me. E não posso morrer de fome" (DE JESUS, 2014, p. 162). A fome, por ela, não foi somente sentida, foi a causa de muitas de suas reflexões. Fome, fome, fome, como uma sinfonia, a palavra ficava repetindo em sua mente. Ao mesmo tempo em que a fome foi uma experiência vivida como uma situação-limite, ela foi também incompreendida por quem a sentia visceralmente. Por que a fome existe? Por que somente alguns a sentem realmente? "Olhei meus filhos e fique com dó. Eles estão cheios de vida. Quem vive, precisa comer. Fiquei nervosa, pensando: será que Deus esqueceu-me? Será que ele ficou de mal comigo?" (DE JESUS, 2014, p. 174). Carolina, contudo, não se limitava a tentar compreender Deus, ela reagia, agia, não podia morrer de fome e nem alimentar a ideia de suicídio. Ela se apercebia como forte, lutava pela vida; exemplo disso, foi o incidente no qual ela se esbarrou com uma senhora que havia sido despejada pela prefeitura e, por consequência, desiludida, encontrava no suicídio uma solução; "Para reanima-la eu disse-lhe que havia lido na Biblia que Deus disse que vai concertar o mundo. Ela ficou alegre. (...). É que as pessoas de espíritos fortes, precisa encorajar os desiludidos" (DE JESUS, 1996a, p. 98).

---

gente ficar fora da favela a maior parte do dia. Escola, cinema, parque, ela nos mandava para qualquer lugar, contanto que fosse longe da favela. O dinheiro? O dinheiro não dava nem para comprar comida direito, mas minha mãe queria que a gente ficasse fora (...). A despesa de cinema acabava com o pouco de dinheiro para a comida, mas ela preferia assim e pronto. Preferia sair de madrugada com o saco nas costas, andar, andar, andar e até dormir com fome, que deixar a gente no Canindé", escreveu Vera Eunice (1994, p. 71-72), a qual tornou-se professora de Letras. "É verdade que minha mãe era pobre, mas acredito que sua grande miséria não estava no espírito, e sim no estômago. Como qualquer artista foi uma revolucionária. Pablo Neruda, Che Guevara, Picasso tinham vários parafusos a menos. Só assim percebe-se o mundo real. O artista não se conforma com o sofrimento alheio, denuncia, luta e até se sacrifica, como o Che", escreveu José Carlos (1994, p. 89), o qual se tornou socialista, mas sem nenhuma profissão específica, "fazia de tudo um pouco". Ele continua: "Minha mãe tinha uma alta espirituosidade, orgulho, e por isso não se rebaixava para os patrões. E dela aprendi esta lição: pobreza não significa inferioridade" (MEIHY; LEVINE, 1994, p. 92). Carolina tinha uma fé, uma fé na cultura. Ela acreditava em si mesma, em seus valores próprios.

A situação da fome, por sua vez, foi uma situação compartilhada pelas e pelos que na favela habitavam, mas seu caráter singular ainda permanecia, uma vez que a experiência vivida pelo indivíduo não pode ser sentida *pelo* outro. A fome era sentida singular e originalmente por cada uma e cada um. Carolina, por meio dessa situação objetiva, conseguia enxergar os outros concretos. Um dia encontrou um homem cujo "olhar era um olhar angustiado como se olhasse o mundo com despreso. Indigno para um ser humano. (...) Cambaleava. Estava tonto de fome!" (DE JESUS, 2014, p. 54). Ela o encontrou outra vez, perto do depósito, e disse-lhe: "o senhor espera que eu vou vender este papel e dou-te cinco cruzeiros para o senhor tomar uma media. É bom beber um cafezinho de manhã" (DE JESUS, 2014, p. 54). Mesmo com pouco para sobreviver, ela sentiu *com* o outro. Em diversas ocasiões, ela viveu com o outro. Na favela, em momentos de confusões, era a pessoa responsável por telefonar para a Rádio Patrulha. Quando ascendeu socialmente, ajudou diversas pessoas, da forma que podia, sem o caráter paternalista ou assistencialista, porque ela tinha fé nas pessoas, reconheceu no outro um ser humano. Dessa forma, a sua busca pela existência não implicou em fechamento, em opressão, mas em abertura ao mundo e ao outro, não somente em responsabilidade consigo mesma, porque buscou desvelar o ser, e não ser o ser. Servindo-se, portanto, de uma atitude autêntica.

Sua ascensão social ocorreu a partir da publicação de seu primeiro livro, *Quarto de despejo* [1960]. Foi um sucesso extraordinário. Contudo, tão intenso quanto o seu sucesso, foi o seu declínio[8] a partir de 1963. "Balizada entre duas ditaduras – na do Estado Novo, que findava no febrão literário do pós-guerra, em 1945, e na nascente de outra, frutificada depois de 1964 – sob o regime militar –, a maturidade de Carolina empatou: desgraça, fama, esquecimento com euforia e ilusão de um país emergente" (MEIHY, 1996, p. 08). Por volta de 1969, ela se muda de Santana para um sítio em Parelheiros. Lá, ela e seus filhos retornam a sentir a fome. Diante disso, podemos compreender que ela foi fiel a si mesma até o fim de sua vida, tendo em vista que ela não se ajustou ao ambiente da classe média, lugar onde permaneceu sempre uma estranha. Se no quarto de despejo ela era "exótica" por saber ler e escrever, na sala de visitas, ela continuava "exótica" por não assumir o papel que lhe queiram impor: a ex-favelada negra cuja vida se resumiria ao fato de ter superado a dor da fome; sua autenticidade era ser favelada falando da favela; se ultrapassasse isso, estaria saindo de seu papel. Em outras palavras,

8 Sobre um estudo que investiga o "caso Carolina" a partir de uma análise sociológica e histórica, uma vez que sua figura representa também um conjunto de tensões sociais, raciais e de gênero, ver: "Carolina Maria de Jesus: emblema do silêncio" de José Carlos Sebe Bom Meihy. Ele realiza uma análise em busca de desenrolar o emaranhado que foi a vida de Carolina em sua época, tentando entender o seu total esquecimento pela mídia, pela esquerda e pela direita, não só pelos movimentos sociais como os de negritude e os feminismos.

ela recusou-se a assumir o mundo da "seriedade"[9] com valores prontos que sociedade burguesa seguia. "Eu não tenho genio para ser teleguiada. O meu temperamento é ser livre igual a brisa" (DE JESUS, 1996a p. 168); "estou desiludida neste ambiente. Tem horas que eu tenho vontade de catar papel" (DE JESUS, 1996a, p. 138); "creio que só com a morte que vou ter tranquilidade de espirito" (DE JESUS, 1996a, p. 158); "os braços e o pensamento são as azas do homem [*sic!* ser humano]. É preciso trabalhar. E eu sempre fui trabalhadeira. Eu sempre cultivei pensamentos elevados. Eu penso que a pessoa que é perfeito no físico tem possibilidade de triunfar" (DE JESUS, 1996a, p. 214-215); "o homem [*sic!* ser humano] é o dono do mundo! lhe deve encher o tempo com ação" (DE JESUS, 1996a, p. 222).

Isto posto, podemos verificar que seu desejo de voar, de liberdade, ainda permanece. O "catar papel", para ela, não era uma queda moral, porque significaria que uma pessoa estava vivendo com os próprios esforços. Lutando para viver, no qual o viver significa "não morrer", em que o projeto está desconectado do fim, da meta. O indivíduo é reduzido à facticidade. Ela, por conseguinte, não dicotomiza o corpo com a mente, os "braços" com o "pensamento", enxergando, portanto, o ser humano como uma totalidade, como ser que se faz. Que precisa agir no mundo, porque o mundo é construído no tempo por meio das ações humanas. E a tranquilidade? A paz? Somente com a morte. E esta não tem aviso prévio, e nem é fundada. "A morte não vem quando desejamos" (DE JESUS, 1996a, p. 145).

Em um tórrido dia de fevereiro de 1977, sozinha em sua casa, ela teve uma crise respiratória, vindo a falecer. Em seu túmulo não teve livros como ela sonhara, mas flores arrancadas do próprio jardim. "O padre que celebrava a missa, no meio da cerimônia, disse: '*é incrível que a escritora Carolina Maria de Jesus vá ficar sem uma flor para decorar seu túmulo!*' Naquele instante, as pessoas saíram da igreja, todo mundo de uma vez, cortaram as flores dos próprios jardins e levaram" (DE JESUS, 1994, p. 86). Carolina que teve sua voz íntima e singular englobada no grito do coletivo, morreu em uma crise que fechou-lhe a garganta, sem respirar, lutava, como sempre lutou, seja sobrevivendo e vendo tudo amarelo seja fazendo-se existência e arroxeando-se-lhe a alma. Ela não desistiu, porque seu escrever era catártico, ritualístico, arma. Era uma busca inalcançável para ser desvelando o ser. Era também narrativa de si mesma, e nessa narrativa se encontra risco e angústia, porque somente quem ousa contar a própria história, ousa descobrir a própria existência. Como defendeu Simone de Beauvoir, em concordância com Sartre (2018, p. 56), "a intuição do ego é uma miragem perpetuamente decepcionante, pois, a um só tempo, entrega tudo e não entrega nada" (SARTRE, 2018, p. 56). O "eu" não está *na* consciência, é existente no mun-

9 Sobre a "seriedade" ver capítulo 2.

do. Assim, o nosso caminho não foi concebido em busca de “captar” o eu de Carolina, mas de desvelar o ser de sua existência. De Bitita a Carolina, de Carolina a Bitita:

A velhice e a mocidade

Apoiada a um bordão
Olhar triste e cansada
Ela faz a revisão
Do seu infausto passado.
É uma velha a meditar
Que grande mágoa lhe invade na expressão do olhar
Revela dor e saudade.

Eis que por perto passava
Uma jovem de alma pura
Vendo a velha chorava
Quis saber suas desventuras
A jovem fagueira e bela
Como o despontar d’aurora
Aproximou-se dela
E perguntou: por que chora?

Ela citava suas amarguras
E a jovem atenta ouvia
Eram frases obscuras
Que ela desconhecia.

A mocidade disse:
Comova-me o teu sofrer
Mas quando surge a velhice
Em nada achamos prazer.
Veja o prado que floresce
É a primavera querida!
Contempla este quadro, esquece
As decadências da vida.

Não conheces a saudade.
De nada tens experiência
Ela nos procura à tarde
Quase ao findar da existência.

Aos teus olhos o mundo aparece
Cheio de encanto e grandeza
Aqueles que já o conhecem…
Em nada encontram beleza.
Desconheces os desenganos

De alguém que nos fez sofrer
Mas com o decorrer dos anos
Tu hás de compreender
E a velhice triste seguiu
E a mocidade alegre sorriu.
(DE JESUS, 1996b, p. 190)

Considerações Finais

"A existência *precede* a essência" (SARTRE, 2010, p. 19) e "a existência *define* a essência" (PC, p. 180) são verdades necessárias e indissociáveis que assumimos, ao longo deste trabalho, para compreendermos a questão da autenticidade e da ambiguidade humana na filosofia de Simone de Beauvoir. Ao pressupormos que "a existência *precede* a essência", aceitamos que anterior à existência não existe um ser determinado; e ao admitirmos que "a existência *define* a essência" concordamos que, além de não existir uma essência anterior à existência, a existência precisa buscar definir-se, precisa buscar definir--se, fazer-se ser desvelando o ser. Embora ambas sejam princípios, a primeira é uma condição que *não* implica, *espontaneamente*, uma dimensão moral da existência, na medida em que o "preceder" é uma condição universal na qual o existente não escolhe, ao passo que o "definir" exigirá do existente uma postura moral, tendo em conta que ele precisará escolher para poder definir-se e, por sua vez, irá "querer-se livre", realizando, então, o movimento da facticidade (ser-livre) à moralidade (querer-se livre). Se assumimos *somente* o "ser-livre", existe a possibilidade de o destino da vida humana ser "paixão inútil" ou "absurda", enquanto o "querer-se livre" permite ao existente engendrar sentido para a própria vida. Por isso, o "preceder" *sem* o "definir" gera o risco de ter-se uma teleologia de ser-para-o-nada ou de ser-para-a-morte, uma vez que não se encontra "evidente" a *responsabilidade* do indivíduo para com a concreticidade da existência. Assim, não foi por acaso que filósofa propôs a "conversão existencialista", possibilitando ao existente um compromisso com a vida e existência concreta no mundo com os outros, já que a conversão ocorre quando o indivíduo aceita não somente sua condição ontológica de "ser-livre", mas também "quer-se livre". A vida humana, portanto, não é um tonel das Danaides, a ela é permitida gerar sentido e significado, possibilitando, então, a autenticidade.

A autenticidade humana, ao longo da História da Filosofia Ocidental, foi relacionada com a questão da verdade da vida. Em Simone de Beauvoir, como vimos, não foi diferente. Contudo, a verdade da vida, por ela, não fora encontrada na "alma humana" como sugeriu Sócrates e, posteriormente, Santo Agostinho, e outros filósofos e filósofas que concordaram com os princípios "conhece a ti mesmo" e "a essência precede a existência". Para Simone de Beauvoir, a verdade da vida humana é a finitude (PMA, p. 119), a qual não é sinônimo de morte, pela razão de que é por meio dela que podemos engendrar sentido a nossa existência, ao passo que a verdade da existência cada uma e cada um encontra-a *singularmente*. Nesta perspectiva, a autenticidade humana está relacionada com a verdade da vida e da existência, a qual não é encontrada, exatamente, por meio de um conhecimento de si mesmo, ou de um movimento interior, para dentro de si mesmo, mas na realização da condição ontológica do ser humano, que é movimento para fora de si mesmo, estando esse "si mesmo" vinculado não apenas com o conhecimento, mas com a totalidade da existência.

A autenticidade, a partir disso, não é um "rótulo moral" que busca definir o sujeito em sua totalidade, e nem uma correspondência com um tipo de ser preestabelecido, com uma verdade dada, com valores prontos ou com uma essência, mas uma *atitude do ser humano no mundo*, uma vez que a sua condição ontológica é de ser falta de ser. Ao assumir tal condição, o existente buscará realizar a "conversão existencialista", fazendo-se ser a fim de que haja ser, por meio do desvelamento do ser e, por consequência, assumindo o fracasso presente em seu cerne, porque faz parte de sua condição original ser tanto facticidade quanto liberdade, e por isso, ambiguidade. O ser humano, pois, se torna autêntico quando realiza uma *atitude* autêntica: a assunção de si. Isto posto, podemos afirmar que, ao longo deste estudo, procuramos mostrar a partir da noção de autenticidade de Simone de Beauvoir que Carolina de Jesus teve uma postura autêntica no mundo, isto é, que ela assumiu a condição humana de ser tanto liberdade quanto facticidade. Para isso, como havíamos proposto, este escrito foi dividido em duas partes, cada uma tendo dois capítulos. Na primeira, escrevemos sobre o caminho da existência proposto por Simone de Beauvoir; na segunda, sobre a busca da existência realizada por Carolina de Jesus.

No primeiro capítulo, escrevemos sobre a condição ontológica do ser humano articulando as noções de existência, mundo, situação, liberdade, subjetividade, transcendência, projeto e finitude de Simone de Beauvoir, evidenciando a autonomia e originalidade de seu pensamento. Para a filósofa, a relação da existência com o ser não é uma relação de querer ser o ser, mas de querer *desvelar* o ser, uma vez que a busca de querer ser o ser possui como fim uma objetividade *inumana*, sendo, por seu turno, inatingível. Os fins e as metas humanas devem ser humanas. Logo, a busca do ser humano não deve ser a de buscar a síntese do para-si e do em-si, mas de desvelar o ser, criando sentido e significado no mundo. A existência, então, não permanece somente uma possibilidade, mas torna-se uma *realidade*, porque é permitido ao ser humano *realizar-se* enquanto existência por meio da "conversão existencialista", que consiste em reconhecer-se como falta de ser, negar essa falta como falta, e assumir-se de forma positiva, convertendo, em vez de superar, o fracasso e a negatividade da existência. Por essa razão, a má-fé, na filosofia de Simone de Beauvoir, não é pressuposta como ontológica, permitindo a afirmação de uma existência autêntica no mundo. A autenticidade da existência, então, por estar vinculada tanto com a finitude quanto com a busca de sua própria verdade, não pressupõe o "ser-para-a-morte", mas o ser-para-a-ação, o "ser-para-a-liberdade", pelo motivo de que o ser humano não *funda* a sua morte, ele *é* mortal; o que ele funda são seu projetos, os quais se enraízam na vida, não em direção à morte, mas a um fim singular.

No capítulo segundo, versamos sobre a atitude autêntica do ser humano no mundo, respondendo à questão: que é autenticidade? a qual revelou-se ser, de acordo com a filosofia de Simone de Beauvoir, a assunção da condição ontológica do ser humano, que surge no mundo como uma atitude do existente. Esta atitude autêntica pressupõe o fazer-se existência, uma vez que, embora a existência seja uma evidência enquanto vida humana, ela não é *dada* ao existente, de acordo com o pensamento de Simone de Beauvoir. O existente, então, precisa fazer-se ser desvelando o ser; para isso, ele precisa, antes de tudo, "querer-se livre". Assim, retomamos alguns conceitos trabalhados no primeiro capítulo, mostrando que no movimento da facticidade à liberdade, do "ser-livre" ao "querer-se livre", há uma efetuação da liberdade ontológica em liberdade concreta, por meio da *ação* humana. Nessa efetuação realizada pelo existente, é trazido à tona tanto o caráter objetivo da subjetividade quanto a dimensão concreta da transcendência e do projeto. A transcendência deixa de ser apenas um movimento da consciência intencional, e torna-se também uma atividade de autoexpressão realizada na ação, permitindo evidenciar os limites da liberdade concreta de alguns seres humanos; o projeto já não é somente uma abertura ao ser, ele possui uma dimensão que é delimitada a partir da ação do existente, uma vez que metas e fins precisam ser definidas por ele, tendo em vista que o movimento espontâneo da consciência deve ser direcionado. E ainda, a atitude autêntica daquela e daquele que se fez existência necessita reconhecer a existência do outro concreto, uma vez que a relação eu-outrem, conforme Simone de Beauvoir, é uma verdade irredutível e indissociável. Assim, é possível fazer-se existência sem fazer-se autêntico, mas não é permitido fazer-se autêntico sem fazer-se existência.

No capítulo terceiro, apontamos como a filosofia de Simone de Beauvoir permite-nos compreender a experiência vivida de Carolina de Jesus, pelo fato de que, em sua filosofia, ela buscou uma posição intermediária entre as leituras deterministas do existencialismo e do marxismo. Em sua concepção, o ser humano não é nem uma liberdade absoluta e impenetrável nem determinado, em sua totalidade, pela situação social em que vive. Por conseguinte, realizamos, em um primeiro momento, uma descrição da vida escrita de Carolina, na qual ela foi resumida em ser "favelada", "negra" e "mulher", resultando disso, um englobamento de sua vida singular em categorias passíveis de generalizações. Sua experiência singular de fazer-se existência no mundo, então, foi eclipsada por uma leitura sociológica de sua obra. A partir disso, em contraposição a essa leitura reducionista, buscamos desvelar o ser da existência de Carolina em suas obras, com o objetivo de que ela se revelasse. Para isso, não iniciamos nossa análise com sua obra mais conhecida e estudada, *Quarto de despejo*, mas com sua autobiografia, *O Diário de Bitita*. Por meio desta obra, perscrutamos compreender não somente a relação que Carolina teve com o mundo, em sua infância, quando se chamava Bitita, mas também como Bitita torna-se Carolina. Bitita teve vários desejos: de se tornar homem, de se tornar mulher branca e de se tornar ave. Todos revelam uma objetividade: o primeiro, a desigualdade entre mulheres e homens; o segundo, a desigualdade entre negros e brancos; e o terceiro, a sua vontade de ser transcendência, de ser liberdade. Somente o último permaneceu com Carolina. Na medida em que Bitita superava seus desejos irrealizáveis, ela aceitava-se como surgiu no mundo. Com o passar dos anos, ela descobriu-se sozinha no mundo, apercebeu-se de que era responsável por si mesma. E, nesse momento, Bitita torna-se Carolina, compreende que para ser, deve fazer-se ser. Ninguém poderia fazê-lo em seu lugar. Ela defronta-se com o drama da escolha original. Escolhe, mesmo sem o saber, assumir a condição ontológica do ser humano: a de ser falta de ser e existência e, consequentemente, ambiguidade.

No capítulo quarto, a partir não somente de uma compreensão da filosofia de Simone de Beauvoir, mas também de como Bitita tornou-se Carolina por meio de uma escolha moral, procuramos mostrar que Carolina teve uma postura autêntica no mundo. Evidenciamos mediante as cores amarela e roxa expressadas pela escritora, ainda que a última tenha sido esquecida pelas e pelos intérpretes, que ela reconhecia a sua liberdade e, ao mesmo tempo, os limites dessa liberdade. A cor amarela é a cor da fome, e a roxa, a da angústia. Seu sofrimento, contudo, foi reduzido à dor estomacal, como consequência de uma leitura sociológica e dicotômica da realidade humana. Para ela, porém, tanto a sua dor estomacal quanto a sua angústia fora real. É exatamente por meio das cores mencionadas que Carolina nos revela a sua assunção da ambiguidade da existência, em razão de que ela não limitou-se a sobreviver como catadora de papel, mas buscou fazer-se ser como escritora. Ela, então, *reagiu* e *agiu* no mundo, realizando, pois, o movimento da existência de ser, concomitante, imanência e transcendência. Assim, é-nos permitido afirmar que evidenciamos, ao estudarmos o "caso Carolina", que existe uma ligação entre o ontológico e o existencial, na medida em que existe um sentido ontológico para uma experiência vivida singular, sem que essa experiência perca a sua singularidade, como no ato de sentir, dolorosamente, a fome; ainda que duas pessoas sintam a dor estomacal, esse sentimento sempre será original, real e singular para quem está sentido. Essa relação, contudo, só foi-nos possível compreender mediante a filosofia de Simone de Beauvoir, a qual "traz à cena filosófica a passagem dialética do individual ao universal, da imanência à transcendência, deparando-se com o dilema da situação, que temporaliza o existir humano e desperta a consciência histórica e paradoxal do instante vivido", como escreveu Magda Guadalupe (2009, p. 02).

Então, ainda que Carolina seja um ser humano singular, ela reflete também uma situação que depende de uma estrutura histórica, social e econômica. Para assumir a si mesma, ela precisou recusar-se ser-para-o-homem, porque em seu contexto eram poucas as possibilidades de ela conciliar o casamento com o seu ato de escrever. Consequência disso foi a sua eterna solidão. Por conseguinte, se Carolina retornou à precariedade da vida após o seu sucesso, foi porque não é possível romper o círculo da imanência, enquanto *status quo*, sozinha[1]. Contudo, se os seres humanos criam estruturas as quais limitam as suas próprias liberdades, eles possuem a capacidade também de transcender essas estruturas, tendo em vista que elas não se encontram na ordem causal da natureza. Ao ser humano é permitido a criação, o desvelamento do ser. Carolina, apesar de tudo, realizou esse movimento, assumindo o risco metafísico de querer-se livre, de inventar seus próprios fins, embora existissem variáveis as quais ela não poderia escolher e, por isso, não era responsável. A prova concreta de sua autenticidade e, consequentemente, de sua assunção da condição humana, de sua busca da existência, de seu fazer-se ser, é este estudo. Este escrito só foi-nos possível porque Carolina fez-se ser desvelando o ser, e por meio disso, estamos desvelando o ser de sua existência, engendrando novos sentidos e significados para ele, mesmo que seja o menor dos movimentos, como o de trazer a lume, mediante a "profundidade", no sentido fenomenológico, a cor roxa por ela expressada, mas quase nunca vista. Ao estudarmos sua vida escrita, em perspectiva beauvoiriana, buscamos somente evidenciar a sua postura moral no mundo, que não implica uma orientação ou julgamento moralizante em relação aos outros. Eis aqui uma Carolina Maria de Jesus, ambígua e humana.

1 Sobre a questão dos limites de um engajamento individual no mundo, ver: "Deve-se salvar Antígona da fogueira? Beauvoir em um exercício literário-político contra feminismos idealistas" por Thana de Souza (2019).

Referências

Obras de Simone de Beauvoir

DE BEAUVOIR, Simone. *A convidada*. Trad. Vítor Ramos. Rio de Janeiro: Nova Fronteira, 1985.

DE BEAUVOIR, Simone. *Pirro e Cinéias*. Trad. Marcelo Jacques de Moraes. Rio de Janeiro: Nova Fronteira, 2005.

DE BEAUVOIR, Simone. *O sangue dos outros*. Trad. Heloysa de Lima Dantas. Rio de Janeiro: Nova Fronteira, 1984.

DE BEAUVOIR, Simone. *Las Bocas Inutiles*. Trad. Floreal Mazia. Argentina: Ariadna, 1957.

DE BEAUVOIR, Simone. *Todos os homens são mortais*. Trad. Sérgio Milliet. Rio de Janeiro: Nova Fronteira, 1983.

DE BEAUVOIR, Simone. *Por uma moral da ambiguidade*. Trad. Marcelo Jacques de Moraes. Rio de Janeiro: Nova Fronteira, 2005.

DE BEAUVOIR, Simone. *O segundo sexo*. Trad. Sérgio Milliet. Rio de Janeiro: Nova Fronteira, 2009.

DE BEAUVOIR, Simone. *Os mandarins*. Trad. Hélio de Souza. Rio de Janeiro: Nova Fronteira, 2017.

DE BEAUVOIR, Simone. *Pensamento de direita, hoje*. Trad. Manuel Sarmento Barata. Rio de Janeiro: Paz e Terra, 1972.

DE BEAUVOIR, Simone. *A força da idade*. Trad. Sérgio Milliet. Rio de Janeiro: Nova Fronteira, 2018.

DE BEAUVOIR, Simone. Que peut la littérature? In: LECARME-TABONE, Éliane; JEANNELLE, Jean-Louis. *L'Herne*. Beauvoir. Paris: Éditions de L'Herne, 2012.

DE BEAUVOIR, Simone. Tentative d'existence. In: LECARME-TABONE, Éliane; JEANNELLE, Jean-Louis. *L'Herne. Beauvoir*. Paris: Éditions de L'Herne, 2012.

Obras de comentadoras e comentadores de Simone de Beauvoir

ARP, Kristana. "'Pyrrhus and Cineas': The Conditions of a Meaningful Life". In: HENGEHOLD, Laura; BAUER, Nancy. *A Companion to Simone de Beauvoir*. Hoboken: Wiley Blackwell, 2017.

ARP, Kristana. "Beauvoir as Situated Subject: The Ambiguities of Life in World War II France". In: O'BRIEN, Wendy (Ed.). *The Existential Phenomenology of Simone de Beauvoir*. Nova York: Springer Verlag Press, 2001.

BAUER, Nancy. "Beauvoir's Heideggerian Ontology". In: SIMONS, Margaret. *The Philosophy of Simone de Beauvoir*. Bloomington: Indiana University Press, 2006.

GOTHLIN, Eva. "Simone de Beauvoir and Ethics". *History of European Ideas*, n. 19, p. 899 – 903, 1994.

GOTHLIN, Eva. "Gender and Ethics in Philosophy of Simone de Beauvoir". *Nora*, n. 1, p. 03-13, 1995.

GOTHLIN, Eva. "Simone de Beauvoir's Existential Phenomenology and Philosophy of History in Le Deuxième Sexe". In: O'BRIEN, Wendy (Ed.). *The Existential Phenomenology of Simone de Beauvoir*. Nova York: Springer Verlag Press, 2001.

HEINÄMAA, Sara. "Simone de Beauvoir's Phenomenology of Sexual Difference". In: SIMONS, Margaret. *The Philosophy of Simone de Beauvoir*. Bloomington: Indiana University Press, 2006.

KRUKS, Sonia. "Simone de Beauvoir and the Limits to Freedom". *Social Text*, n. 17, p.111- 122, Autumn, 1987.

LE DOEUFF, Michèle. "Engaging with Simone de Beauvoir". In: SIMONS, Margaret. *The Philosophy of Simone de Beauvoir*. Bloomington: Indiana University Press, 2006.

SANTOS, Magda G. "Beauvoir: O saber e a ação do sujeito político feminino". In: I Jornadas CINIG de Estudios de Género y Feminismos, La Plata, 2009.

SIMONS, Margaret. "The Beginnings of Beauvoir's Existential Phenomenology". In: O'BRIEN, Wendy (Ed.). *The Existential Phenomenology of Simone de Beauvoir*. Nova York: Springer Verlag Press, 2001.

SOUZA, Thana. "Beauvoir e a situação das mulheres: entre subjetividade e facticidade". *Ethic@*, Florianópolis, v. 17, n. 2, p. 217-237, 2018.

SOUZA, Thana. "Deve-se salvar Antígona da fogueira? Beauvoir em um exercício literário-político contra feminismos idealistas". *Ipseitas*, São Carlos, vol. 5, n. 2, p. 27-41, 2019.

TEIXEIRA, Nathan. "Situação, subjetividade e apelo em Pyrrhus et Cinéas de Simone de Beauvoir". *Sapere Aude*, Belo Horizonte, v. 9, n. 17, p. 192 - 218, 2018.

VELTMAN, Andrea. "Transcendence and Immanence in Beauvoir's Ethics". In: SIMONS, Margaret. *The Philosophy of Simone de Beauvoir*. Bloomington: Indiana University Press, 2006.

Obras de Carolina de Jesus

DE JESUS, Carolina. *Antologia pessoal*. Rio de Janeiro: EdUFRJ, 1996b.

DE JESUS, Carolina. *Casa de alvenaria*: diário de uma favelada. Rio de Janeiro: Paulo e Azevedo, 1961.

DE JESUS, Carolina. *Diário de Bitita*. Sacramento: Bertolucci, 2007.

DE JESUS, Carolina. "Favela". In: *Onde estaes felicidade?* São Paulo: Me Parió Revolução, 2014.

DE JESUS, Carolina. *Meu estranho diário*. São Paulo: Xamã, 1996a.

DE JESUS, Carolina. *Quarto de despejo*: diário de uma favelada. São Paulo: Ática, 2014.

Obras de comentadoras e comentadores de Carolina de Jesus

GONÇALVES, Marco Antonio. "Um mundo feito de papel: sofrimento e estetização da Vida (Os diários de Carolina de Jesus)". *Horizontes Antropológicos*, Porto Alegre, n. 42, p. 21-47, 2014.

MEIHY, José Carlos S. B.; LEVINE, Robert M. *Cinderela negra*: a saga de Carolina Maria de Jesus. Rio de Janeiro: EdUFRJ, 1994.

MEIHY, José Carlos S. B. "Carolina de Jesus: emblema do silêncio". *Revista USP*, São Paulo, n. 37, p. 82-91, 1998.

MEIHY, José Carlos S. B. "O inventário de uma certa poetisa". In: DE JESUS, Carolina. *Antologia Pessoal*. Rio de Janeiro: EdUFRJ, 1996b.

PERPÉTUA, Elzira. *A vida escrita de Carolina Maria de Jesus*. Belo Horizonte: Nandyala, 2014.

QUERIDO, Alessandra Matias. "Autobiografia e autorretrato: cores e dores de Carolina Maria de Jesus". *Estudos Feministas*, Florianópolis, n. 20, p. 881-899, 2012.

SANTOS, Joel Rufino. *Carolina Maria de Jesus:* uma escritora improvável. Rio de Janeiro: Garamond, 2009.

SOUZA, Germana H. P. Memória, autobiografia e diário íntimo: Carolina Maria de Jesus: escrita íntima e narrativa da vida. In: Hermenegildo Bastos; Adriana de F. B. Araújo (Org.). *Teoria e prática da crítica literária dialética.* Brasília: Editora Universidade de Brasília, 2011, p. 86-108.

Outras obras

ANDREAS-SALOMÉ, Lou. *Carta aberta a Freud*. Trad. Lenis E. Gemignani de Almeida. São Paulo: Landy, 2001.

BOURDIEU, Pierre. "A ilusão biográfica". In: FERREIRA, Marieta; AMADO, Janaína. *Usos & abusos da História Oral*. Rio de Janeiro: FGV, 2006.

LEIBNIZ, G. W. *A monadologia*. Trad. Fernando Luiz Barreto Gallas e Souza. São Paulo: Hedra, 2009.

SAINT-EXUPÉRY, Antoine. *Terra dos homens*. Trad. Rubem Braga. Rio de Janeiro: Nova Fronteira, 2016.

SANTOS, Boaventura de Sousa. "Para uma sociologia das ausências e uma sociologia das emergências". *Revista Crítica de Ciências Sociais*, Coimbra, n. 63, p. 237-280, 2002.

SARTRE, Jean-Paul. *O existencialismo é humanismo*. Trad. João Batista Kreuch. Rio de Janeiro: Vozes, 2010.

SARTRE, Jean-Paul. *O ser e o nada*. Trad. Paulo Perdigão. Rio de Janeiro: Vozes, 2015.

SARTRE, Jean-Paul. *A transcendência do eu*. Trad. João Batista Kreuch. Rio de Janeiro: Vozes, 2018,

WOOLF, Virginia. *Orlando*. Trad. Laura Alves. Rio de Janeiro: Nova Fronteira, 2018.

www.ingramcontent.com/pod-product-compliance
Ingram Content Group UK Ltd.
Pitfield, Milton Keynes, MK11 3LW, UK
UKHW021655190726
13853UKWH00001B/275